TEXTBOOK OF
BASIC ACCOUNTING

世界のプロが学ぶ
会計の教科書

資産負債アプローチで
使える知識を身につける

吉成英紀　YOSHINARI HIDEKI

日本経済新聞出版

まえがき

　本書は2014年に出版された『世界のエリートがやっている　会計の新しい教科書』（日本経済新聞出版）のいわば進化版です。一般的な言い方ですと全訂版ということになりますが、筆者の感想としては「進化」という表現がぴったりかと思っております。

　前著が出版されてから9年が経ち、世の中も変わりました。良い変化もあれば、取り戻したい変化もあると思います。会計の世界でも新しい基準が公表されたり、持続可能性を中心とした新しい情報開示の要請が想像を超えるスピードで高まってきたりと、さまざまな変化がありました。さらに筆者自身の会計入門の解説アプローチについても、9年間なりの進化がありまして、もっとスピーディに、もっと厳密に、もっと誤解なく、もっと応用が利くような説明が可能になってきました。

　今回、進化版を出版するにあたり、新たにすべて書き下ろした章もあれば、前著の良いところを概ね残した箇所もあります。ここでは、初めて手に取られた方への本書の内容の紹介と、前著をお読み頂いた方への全訂版のご案内を兼ねて、以下に各章の内容を簡単に説明します。

　第1章と第2章は、会計入門です。前著の第1章にあたります。
　ここが本書の真骨頂です。この第1章、第2章については、今回、すべての文章を新たに書き下ろしさせて頂きました。

　おかげさまで前著の「BSアプローチ※」と名付けた会計入門解説アプローチは大変ご好評を頂きまして、読者の皆様からたくさんの喜びの声やお褒めの言葉を頂戴することができました。改めて心からお礼を申し上げます。しかしその後の9年間の企業研修の現場で生まれてきた「解説方法の進化」が多数ありまして、どうしても「より良い解説に差し替えたい」「バージョン

アップしたい」という思いを強くしておりました。本書は北京原人からクロマニョン人に一気に進化したくらいの違いがあるかと自負しております。

※前著では「資産負債アプローチ」という一般的な会計用語と本書の解説アプローチである「BSアプローチ」を区別していましたが、今回、シンプルに「資産負債アプローチに基づく解説」といった表現に統一しております。

　また会計の理論的な説明については、「プロ」というタイトルが示すように、「プロのビジネスの世界でも通用する初心者向けの入門本」を目指して、大幅にパワーアップしました。一般的に見て、入門書ではあり得ないような高度な内容（でも正しいビジネス会話をするためには、本当は必要な内容）を、初心者でも一発ですっと分かるような解説を心がけしました。非常にチャレンジングな試みでしたが、是非皆様にお試し頂き、ご感想なども頂戴したいところです。

　第3章は、財務諸表の読み方です。基本の骨組みが理解して頂けたところで、一気に各論を紹介するというアプローチで、その点は前著と同じです。ただし今回は、「収益認識に関する会計基準」という大きな基準が新たに公表されたことや、前著にキャッシュフロー計算書の分析についての記述がなく、ご要望を頂いていたことを受けて、新たに加えるなど、今回書き下ろした箇所も多くあります。新規または大幅な改訂をした箇所は、「キャッシュフロー計算書」「収益認識に関する会計基準」「税効果会計」「金融商品会計基準」などが代表的です。それ以外の箇所もすべてについて見直し、修正を加えております。

　第4章は経営分析です。単に分数式を紹介して、はい！　計算してみましょう、という本ではありません。重要な比率の本質的意味について、これでもか、というくらいにじっくりと解説させて頂いております。その点は前著と同じですが、今回、さらにパワーアップをしました。特に大きな改訂を行ったのは、財務省の法人企業統計年報という資料を使って、日本企業全体の

数値の分析からなにが見えてくるか、という記述を追加した点です。また収益性の指標の解説も、さまざまな指標のつながり、流れが一覧して把握できるような解説に差し替えております。

　なお、今回もコラム記事をご用意しました。前著でも本文の流れとは別にコラムを書きましたが、本書では3つのコラムを入れました。

　「3つの支配」 というコラムでは、「ルール・マニュアルによる支配」「力による支配」「原理原則による支配」の3つの支配が企業組織には並存しており、それぞれのメリットとデメリットを知って使い分けることが大事というテーマを扱っています。きっと面白いですよ。

　「国際会計基準の考え方と本書の説明アプローチについて」 というコラムでは、重要ポイントについて、国際会計基準における具体的記述[※]と本書の説明がどう整合しているかを、分かりやすく解説させて頂きました。この辺も「プロのビジネスの世界でも通用するレベルの知識を初心者が分かること」にチャレンジした部分の一つです。

　※国際会計基準の引用箇所についてはIFRS財団より許諾を頂いて記載しています。

　「いま起きている時代の変化とアカウンタビリティの近未来について」 というコラムでは、「ブラックスワン・リスク」「中央集権から権限移譲へ」「ルールベースからプリンシプルベースへ」「SDGsとESGのトレンドと企業経営への影響」という時代を反映したキーワードについて、私見を交えて解説しました。そしてISSBのサステナビリティ情報開示と気候変動情報開示に関する公開草案も紹介しております。

　それでは、これから本編に入ります。ぜひお楽しみ下さい。

第 3 章
貸借対照表、損益計算書、
キャッシュフロー計算書を詳しく読み解く 153

第 4 章
会計の基本が分かったら、さっそく経営分析をしてみよう 285

第 1 章

最も分かりやすい
会計の入門法は
結局どれか？

世界のプロが学ぶ会計の教科書

資産負債アプローチで使える知識を身につける

1 正しい定義と論理をやさしく、あいまいさを残さずに説明する、それが国際標準

　この本を手に取った読者の皆様は、お立場の違いはあれども、「会計の基本をちゃんと理解したい」と思っておられる点では共通しているかと思います。

　会計入門者にとって、どこから手を付けようかと思ったときに、通常は、以下のようなアプローチがあると思います。

　①簿記検定の３級の資格合格などを目指す。合格できたらさらに上を目指す。
　②市販の会計入門本を読んで手っ取り早く理解しようとする。
　③インターネットで自分に合った解説サイトを探す。

　もちろん、上記のどれもアリですが、何かの分野のプロとして活躍されている皆様にとっては、どういうアプローチが良いのでしょうね（なお、本書において「プロ」とは、プロ意識をもって働いている全ての人」の意味とさせて頂きます）。

　まず、①の簿記検定は、そもそも技能の検定試験です。車の構造や理論をよく理解していても、運転技能がなければ車の運転はできませんよね。経理部に配属された若手社員がいますぐ欲しいのは、まず正確に、迅速に目の前の経理処理ができる技能です。それを身につけるには日商簿記検定をはじめとする簿記検定が最短ルートと思います。私も、経理の若手の人には、迷わずそうアドバイスしています。

　しかし経営者、自由業、営業マネジャー、製造部の管理職、いろんな部署の担当者等々、いわゆる経理部以外のさまざまな立場で活躍されるプロの人が、ビジネスのために会計の基本を理解したい、と思うとき、彼らが欲しい

のは、数字の意味を何となくでなく、すっきりと正しく理解できて、自信を持って他人に説明できる能力です。責任感が強い人ほど、本当に自信の持てないことは口にしたくないものです。まあ当然ですよね。彼らに必要なのは、正確・迅速な経理の処理能力ではなく、それぞれの部署で、持ち場で、責任ある大人として自信が持てるようになれるだけの、論理的に本当に納得がいく解説です。100本ノックから入るか、理論から入るかの違いというイメージです。大人が納得するには論理が必要なのです。その論理とは「あいまいではなく厳密であること」が必要です。

　「訓練を積んでやがて慣れる」も一つの道ですが、「まず論理的に納得しよう。慣れるのはそれから」というのが本書の採用するアプローチです。論理的思考力をもってすっきり学べるのは大人の特権です。

　次に②の市販の入門書を読むアプローチや、③のインターネットで探すアプローチです。「会計入門」は世の中にたくさんあって、本書もその一つです。前著では自分以外の本の悪口ばかり書いてましたが、今回はやめます。上に述べたように「大人が読むに値する会計入門書」に求められるのは、「自分はこの数字の意味を本当に分かっている」という自信が持てるようになる解説ですが、それは会計理論的に厳密に正しいだけではダメで、会計入門者の方にとって実際に分かりやすくなければ意味がありません。時として、子供に話すような変なたとえ話を聞かされるより、最初から厳密な説明を聞く方が分かりやすかったりすることもありますし、その逆もあります。

　高いハードルですが、皆様に「この本でよかった」と思って頂けるよう、本書は「厳密さ」と「分かりやすさ」の両立にチャレンジしたいと思います。

　筆者は以前、アジア・太平洋地域の若手アナリストたち数十名を対象に毎年、会計と企業分析を教えていましたが、彼らからよく「自分はアカウンティングの基本は知ってますよ。大学で『Basic Accounting（会計入門）』の単位を取りましたから」といった言葉を聞かされました。実際、彼らは本当にすっきりと会計の基本が理解できているケースがほとんどでした。日本で「大学で会計の単位をとったから会計の基本は分かっています。」という人が

どれくらいいるでしょうか？　日本ではまだまだ「簿記とはこういうものと思って下さい」「最初は言われたとおりにやれ」という100本ノック方式が多いように思います。海外ではとっくに、入門者に対して最初から定義と論理で会計入門を教えています。パターン暗記やたとえ話のアプローチではありません。

　日本の大企業の管理職までが、会計に苦手意識を持っていることが多い現実に対して、微力ながら流れを変える一助になればと、前著において海外のような「理詰めの会計入門」を紹介させて頂きました。本書も「正しい定義と論理で会計の基本を解説する」趣旨は同じです。ただし申し上げたように、さらに「もう一歩厳密に」「もう一歩やさしく」を目指しています。

　それでは本書にお付き合い下さい。

2 ｜ 理詰めの会計入門の世界に入っていきましょう

（1）会計の目的とアカウンタビリティ

　そもそも会計って何でしょうね。誰が、何のために、何をやるのでしょうか？

　そもそも会計の起源っていうのは、古代メソポタミア文明の時代に、チグリス川とユーフラティス川に囲まれた、いわゆる肥沃な三日月地帯で、農村の穀物や家畜の数量などを記録し管理したのが最初ではないか、と言われています。つまり財産の記録と管理が会計のスタートということですね。

　その後、お金を貸した相手と揉めないために貸した相手先別にちゃんと記録を残しておこうとか、中世のイタリアでは、今日でも使われる「複式簿記」というツールが発明されたりとか、いろいろ進化してきて、いまの時代に至っています。

　会計の歴史も面白いですが、それはともかく、いまの時代では、会計の最も大事な意義は、「説明責任を果たすこと」だと言われています。

説明責任って何でしょうか？

　ここはちょっと長い説明になります。許して下さいね。一番の根本の話ですから。

　そもそも私たちは（人に迷惑を掛けなければ）何の商売をやっても良いですよね。自由主義ですから。何屋さんを開いても良い。でも商売はうまくいかない時もありますよね。損失がでたら誰が被ります？　自分で被りますね。自己責任ですから。当たり前ながら、自由主義の根本は自己責任であり、「何の商売をやっても良いが、損失は自分で被りなさい」です。商売の世界において「責任をとる」というのは、「損失を被る」という意味なんです。

　世の中のすべてのビジネスが個人と個人の間で行われていたら、話はここで終わりです。でも実際には、世界中で「企業」という仕組みが利用されていますよね。企業には株主・投資家という人たちがいます。株主というのはその会社の株を持っている人たちで、投資家というのは投資（株式投資を含めて）をする人たちです。実際に株を持ってるのが株主、株を買おうかまだ迷っている人を含めて投資家、といったところです。集合の図でいうと、投資家の中に現株主が含まれるといった整理でよろしいかと思います。

　この株主・投資家という人たちは、本当は自分で手足を動かして商売しても良いんですよね。株主自ら店頭に立って接客しても良いんです。でも普通はそれはしませんね。経営者という人たちを選んで彼らに経営を任せます。この「任せる」というのが重要なキーワードです。

　任された経営者は報酬をもらって頑張って仕事をします。でもさっき言っ

たように商売っていうのはうまくいかない時もあります。「今年は多額の損失がでた。どうしよう」。この損失は誰が被るでしょう？　任せた株主か？任された経営者か？

　その答えは100％明確に最初からはっきりしています。100％株主が被ります。経営者は1円も弁償しなくて良いのです。そんなことを言うと「あれ、そうでしたっけ？　取締役の損害賠償責任とか役員は重たい責任を負ってますよね？」なんて言う人が現れます。もちろん経営者が犯罪あるいは悪意に準じるとみなされるような重大な義務違反や懈怠（サボり）がある場合は個人として損害賠償責任を負うことがあります。でもそれは自転車を盗んだら捕まるぞというレベルの当たり前の話であって、犯罪と処罰のステージの話です。いまはそのような犯罪と処罰の話はしていません。まともな商売、ビジネスの話をしています。その限りにおいて、いわゆるオーナー社長と呼ばれる人たちを別とすれば、世の中の企業の、社長以下の全役員というのは、1円も損失を被らない、つまり「1円も責任を取らない」人たちなんです。

　ちなみに役員を解任されることは責任を取らされることではありません。「あなたにはもう任せておけないので別の経営者を選びます」というビジネス判断であり、合理的な取引行為です。損失を弁償する訳ではありません。逆に「自分から責任を取って辞める」というのも責任を取ることではありません。そういう言葉も使わない方が良いでしょう。「私は任されるに値する人間ではないので降ります」という宣言であり、1円も責任は取ったことになりません。1円も責任を取らない、取れない人間が「責任を取る」というセリフを言うのは、本当に責任を取る（損失を被る）人たちからしたら「ちゃんちゃらおかしい」のです。

　経営者は管理職に仕事を任せる。管理職は一般社員に仕事を任せる。会社内において、任せる、任される、の連鎖がチェーンのように綿々と連なっています。会社で働いているすべての人たちというのは（オーナー社長たちを例外として）、それが何百人、何千人の会社であっても「誰一人として、1

円も責任を取らない人たちの集団」なんです。

　ちょっと話がそれますが、あたかも自分が責任が取れる人間であるかのような思い上がりがあると、時として隠蔽工作、虚偽の報告といった組織的不正につながるのだと思っています。「不正会計」や品質偽装などの「××偽装」の類です。本当に責任を取る人間（＝損失を被る人間）が少しくらいの隠し事をするという話であれば、場合によっては気持ちは分かるというものです（社会的に許されはしませんが）。しかし日本企業の深刻な不祥事のほとんどは、隠蔽、詐称、偽装、虚偽報告といった情報操作ですが、これらは、1円も責任を取れない人間が自己保身のために人を騙しているに過ぎない事案ばかりですよね。「一時のウソは会社を救うため」とか、「会社のために自分が悪者になる」、といった正当化は「責任が取れる人間の言うセリフ」です。

　話を戻しましょう。経営者以下全社員は責任が取れる存在ではない、そのことを謙虚に自覚することから議論を始める必要があります。では私たちは結局「無責任集団」なのでしょうか？　そんなことがあるはずはありません。

　私たちは「**責任を取る**」人たちではなく「**責任を果たす**」人たちなんです。「取る」と「果たす」の違いです。責任を取るのは株主です。株主から経営を任された人たちは責任を果たす人たちです。私たちが果たすべき責任は２つあります。

　1つ目は、社長以下全員が等しい性質の責任を負っています。それは「自分の仕事をちゃんとやる責任」です。これを「**レスポンシビリティ**」といいます。もちろん社長と学生アルバイトではその大きさ、影響度は比較にならないくらい違いますが、性質は全く同じです。このレスポンシビリティについては、日本企業で働いている人たちは実は責任意識は高いのではないか、と私は思っています。「仕事だからちゃんとやろうよ」というセリフが当たり前のように共有できますよね。レスポンシビリティの責任意識、当事者意

識については、日本企業は世界一ではないか、とさえ思っています。これについては私などが心配するのは大きなお世話なのだろうと思います。

　もう一つの「果たすべき責任」は何でしょう？　それが「説明責任」です。英語で「**アカウンタビリティ**」といいます。この言葉は1960年代のアメリカにおいて人工的に作られた造語であるといわれています。会計を表す「アカウンティング」と責任を表す「レスポンシビリティ」を合体させて「アカウンタビリティ」という単語を作ったんですね、60年前のアメリカ人は。それに相当する概念は昔からあり、また時代とともに高まってもいったのですが、英語圏に生きる彼らにとっても、何とかこの概念を1つの単語で表せないか、そういう単語が欲しかったんでしょうね。だから作った。日本語圏で生きる私たちはまだこの言葉を作ってないのかもしれません。「アカウンタビリティ」は日本語に翻訳するのが難しい英単語であると良く言われているんです。

　「アカウンティング（会計）」と「レスポンシビリティ（責任）」の合体ですから、直訳するなら「会計責任」ですね。新聞記者の人が政治家に向かって「それで政治家としての会計責任が果たせたとお考えですか？」なんて質問したら、政治家の人も「？？？」となりますよね。日本語の「会計」よりも英語の「アカウンティング」の方が意味が広いようです。「account for」だと「説明する」になりますし、「責任を負う」という意味も帯びてきます。

　それで「アカウンタビリティ」は「説明責任」と訳すことが多いです。他には「報告責任」「受託責任」とか訳されます。でもそれらの単語どれをとっても、「アカウンタビリティ」の一番大事なニュアンスを表現できていないように感じています。「説明責任」「報告責任」だと、「説明すればよい」「報告すりゃいいんでしょ」となりかねません。部下が上司に対して「私メールでＣＣ入れましたよね」とか言っている感じですかね。「アカウンタビリティ」は根本的にそういうものとは違います。指示通りやったとか、ルールが求める通りにやったとか、といった受動的なものではありません。

　「アカウンタビリティ」とは、①何かを任された、②任せた側が損失を被る、の２つの要件が揃ったときに、任された側に自然発生的に生じる、能動的責任なんです。そのゴールは「**任せた側を合理的に納得させ、安心させること**」です。合理的という意味は、「君を信じてるから」ではなく、任された人の判断や仕事ぶりについて任せた側が論理的に納得することです。「信じる、信じてもらう」は良いことですが、それだけでは足りません。また合理的のもう一つの意味は、非合理的な要求まですべて任された側が満たす必要はないという意味でもあります。

　合理的に納得させ、安心させるということは、ただ「起きた事実を伝えれば良い」、ではなくて、与えられた環境の中で、ベストな判断と仕事ぶりをしたということをご納得頂くということです。「報告するに値する事実を、努力して実現する」までを責任範囲に含みます。報告すればよいではない。「アカウンタビリティ」と「ホウレンソウ」の違いがそこにあります。

　「任せる」「任される」の関係があり、「任せる側が損失を被る」という関係がある限り、そこには「アカウンタビリティ」が自然発生的に生まれます。政治家と国民の関係（法律作りを任せる）、医者と患者の関係（体の治療を任せる）も同じです。責任を取る（損失を被る）のは任せた側です。おかしな法律によって国民共有の資産の価値が毀損したときは、国民がその損失を当然被る。政治家は弁償しなくて良い。だから政治家は国民に対して自分から説明責任を果たさなければなりません。有名人だから、権力者だから、プライベートを含めて何でも公開しなければならないわけではないのです。「任されているから」「任せた側が損失を被るから」がその理由です。医者と患者の関係も同じで、患者は医者に治療を任せます。でも薬の副作用や手術の失敗で死ぬのは患者です。だから医者は自分からこれらの危険について患者に能動的に説明する責任を負っています。「聞かれたら答える」では足りないのです。

　もう一つ「アカウンタビリティ」が能動的である必要性は「情報の非対称性」にもあります。多くの場合、任された側が詳細かつアップデートされた情報を握っています。同じく多くの場合、任された側に専門性があります。その意味からも自発的かつ能動的説明が必要とされます。

　経営者が経営を任せてくれた株主・投資家に対して、経営の結果を報告する。それが「会計」は何をすることですか？　の答えです。これは決算報告などとも言われます。その目的はまずは「アカウンタビリティ」を果たすためです。自発的かつ能動的な責任です。

　決算報告は法律や会計ルールがあるからする、ではありません。「それをするのが当たり前だから」するのです。その当然性、能動性は自分の肌で実感できるようになることが大切です。「いろいろルールがあるから決算報告しなければならない」くらいにしか思っていない人は結構いるんです。ルールが作られたのは、世の中で各企業がバラバラのやり方では、作る方も見る方も大変なので、そのような社会全体のコストを削減するために公的ルールを作っているにすぎません。大事なのは「それをするのが当たり前だからする」という認識です。どんなに会計ルールの知識が豊富でも、ルールがあるからすると思っている人というのは「一番大事な会計の根本だけがすっぽり抜けている人」です。「何かを任された」「任せた側が損失を被る」という2つの要件が揃ったら、誰に言われなくとも「自分の仕事ぶりを説明して合理的に納得させたい。それにより安心させたい。それをしなかったら居ても立っても居られない」という思いを肌で感じるようにならなければ、所詮、会計は何も分かってないのと同じです。「**任された者の能動的説明責任**」、このことが一番の会計の基本です。

　長い説明になりましたが、「アカウンタビリティ」を果たすためのツールとして会計が必要だということがご理解頂けたことと思います。逆に言えば、会社で「任される人」になるためには会計を勉強する必要があるともいえますね。

　なお、現代では、株主・投資家に対する「アカウンタビリティ」に加えて、お客様、広く社会全体に対する「アカウンタビリティ」を果たすべきという議論が多くなってきました。これは経済の複雑化、変化の予測の困難さ、技術の高度化および専門化が進む中で、いわば社会的分業といった観点から、「○○作りについては、社会は××株式会社に任せている」「任されている××株式会社は社会に対するアカウンタビリティを負っている」という概念がでてきたといえるでしょう。また一方で温暖化、持続可能性などへの関心が高まってきただけでなく、経営者がそれを商機に転じる知恵があるかどうかに視線が集まっていますよね。このように、自由主義、自己責任、任せる（任される）、アカウンタビリティという論理の流れを追いかけていくと、いま世界で起きている新たな持続可能性に関する情報開示の要請などの新しい動きの持つ意味も一層見えてくるように思いますがいかがでしょうか。

（２）アカウンタビリティ以外の会計の目的

「アカウンタビリティ」の他にも会計の意義ってあるのでしょうか？

　会計の意義の話に戻りましょう。会計が必要な理由の一番のメインは「アカウンタビリティ」でしたが、それ以外にもあります。情報提供と利害調整といわれるものです。

　情報提供について説明します。企業の周りには、株主・投資家を筆頭に、債権者や従業員や政府、地域住民など、企業と何らかの関係がある人たち（利害関係者＝ステークホルダーといいます）がいますが、彼らが何らかの意思決定をするために会計情報が役に立つという意味です。ただし現実には会計ルールを作っているような人たちはすべての利害関係者を同じウェイトで考えているわけではなく、最も（ほぼ一番）意識しているのは、やはり「投資家」です。全員を相手にするのは無理なのと、プロの投資家が満足するだけの情報開示を行えば、他の利害関係者のニーズには応えられるという

こともあります。

　利害調整について説明しましょう。法律や契約において、会計数値を使って企業や関係者の行動に何らかの制約を設ける場合があります。例えば、会社が儲かったら、会社のオーナーである株主に儲けの一部の金額を現金などで分配する（配当といいます）ことがありますね。これを株主は喜ぶけれども、会社にお金を貸している銀行は、あまり派手におカネをばらまくとキャッシュが足りなくなって貸したお金が返済できなくなるかも、と不安になるケースがあったりします。これについては法律で、会計数値を算式に使って配当できる金額の上限を決めるようになっています。これは会計数値が株主と債権者の間の利害調整に役立っているともいえますね。そういう意味です。

（3）会計って何を報告すれば良いのでしょうか？

　会計報告のメインの相手は、株主・投資家であると言いました。

　株主・投資家は何を知りたいのでしょうね？

　100人の投資家に聞けば、100通りの答えが返ってきそうです。

　　現代の環境変化について経営者がどう判断しているかを知りたい。
　　経営戦略を知りたい。
　　いまどうなっているか、金持ちの会社か貧乏な会社なのかを知りたい。
　　今年いくら儲けたか利益の金額を知りたい。

　でもほぼ100人の答えは、最大公約数を求めれば、一言で表現することが可能です。それは「会社の将来」です。投資家（株主を含む）が知りたいのは結局「会社の将来」なんです。

　もちろん中には変わり者もいて、「俺は将来には一切興味がない」という

人もいるかも知れませんが、そのような人は無視されています。

　でも将来のことというのは、結局、神様しか本当のことは分かりませんよね。この会社はきっと伸びるだろうとか、こんな会社は衰退するだろうな、と会社の将来を予測するのは投資家の自由ですが、予測が外れた時の損失は自己責任として投資家が被る必要があります。ここでも自由と自己責任の議論が出てきましたね。会計やファイナンスの話をする時には自由と自己責任という論理を持ち出すとすっと理解できることが多々あります。

　将来予測は投資家の自由であり、自己責任である。よって会計の守備範囲はここではない。

　投資家が自己責任で将来予測する際に最も参考にしたい情報は何でしょうか？

　それは過去から現在に至る経緯です。つまり過去の実績です。過去の実績のうち、何を知りたいのでしょうか？

　これも投資家が100人いたら100通りの回答がでてきそうです。

　　儲かってるかどうか知りたい。
　　会社がどれくらい金持ちか、あるいは貧乏か知りたい。
　　従業員数を知りたい。
　　営業店舗数を知りたい。
　　生産拠点の状況を知りたい。
　　等々

　一口に過去の実績といっても、会社の業態や個社の事情によって知りたいことはそれこそ千差万別と思います。

　そこで会計の世界では、時代ごとの要請に応えながら、結果的に以下の2つのテーマを両方大事にしながら今日までやってきました。

　①会社はどれくらい金持ちか、あるいは貧乏か？
　②商売はうまくいってるのか？

　この2つは車の両輪のように両方大事です。時代により流行はありましたが、今日では両方同じくらい大事と考えている人が多いです。それにしてもこの2つを重視してきたというのはとても合理的と思います。いまは貧乏でも商売がうまくいってたらやがて金持ちになれそうですよね。またいまは金持ちでも商売がうまくいってなかったら、やがて貧乏に転落しそうですよね。

（4）会社はどれくらい金持ちか、貧乏か？

　ではまずは①会社はどれくらい金持ちか、あるいは貧乏かというテーマについて考えていきましょう。

金持ちか貧乏か？

　もし「ある人が金持ちか貧乏かを知りたい」としたら、どんな情報が欲しいですか？

　とりあえず、その人が「どんな資産をいくら持っているか？」を知りたいですよね。
　（ちなみに会計上の資産の定義については後で詳しく解説します）

　でもそれで十分でしょうか？

　「俺は100億円の資産を持っているぜ」という人が目の前にいたら、その人のことを「金持ちだなあ」とたぶん思いますよね。でもその人が「だけど俺、払わなきゃいけない負債が300億円あるんだよ」と言ったら、「大変そ

うだなあ」と思うのではないでしょうか。あまり金持ちとは思わなくなりますよね。

　（ここで負債というのは「支払義務」のことです。「負債を負う」という言い方をします。負債の定義も後で詳しく解説します）

　つまりその人が金持ちか貧乏かを知りたい時に、欲しい情報は以下の２つの両方になります。

　・どんな資産をいくら持っているか？
　・どんな負債をいくら負っているのか？

　ある人が資産を100億円持っていて、負債を60億円負っていたら、頭の中でさっと差し引いて（ネットするといいます）、「正味40億円くらいの金額的規模のお金持ちだな」と分かります。

　会社を見る時も同じです。

　・会社がどんな資産をいくら持っているのか？
　・会社がどんな負債をいくら負っているのか？

　資産が100億円で負債が60億円と言われたら、正味財産の金額が40億円の会社だな、と分かります。この正味財産の金額のことを「資本」と言います。それは資産と負債の差額のことです。

　まとめると、会社がどれくらい金持ちか、あるいは貧乏かを知りたいというニーズに対しては、「資産と負債の両方を見せること」が必要です。そして同時に、資産と負債の差額の金額、つまり資本の金額を見せることも読者にとって親切です。

　この「資産」「負債」「資本」を１枚にした報告書を「貸借対照表」といい

ます。

貸借対照表は、「資産」「負債」「資本」を1枚にした報告書

貸借対照表

資　産	負　債
	資　本

　ここで言葉の整理をしておきましょう。

　貸借対照表というのは、英語でバランスシート（Balance sheet）といいます。このバランスシートという言葉は日本人同士で会話でも文章でも使いますので知っておきましょう。

　バランスシートを略してB/Sといいます。「ビーエス」と読みます。書くときは真中にスラッシュ（/）を入れて下さい。

（5）貸借対照表は変化する

　会社はいろんな取引をしていますね。

　　商品を仕入れた。
　　その代金を払った。

　　お客様に商品を販売した。
　　その代金を受け取った。

　　給料を支払った。
　　家賃を支払った。
　　電気代を支払った。

銀行に預けた預金に利子がついたので口座の残高が（わずかだが）増えた。

銀行からお金を借りた。
銀行にお金を返した。
銀行に利息を支払った。
株主から追加の出資をしてもらった。
株主に利益配当として現金を支払った。

これらに加えて、実際にはもっともっとたくさんの取引の種類があります。

会社が取引をすれば、「資産」「負債」のどちらか、あるいは両方が必ず動きます。ここで「動く」というのは、「金額が増加あるいは減少する」という意味です。なぜ必ず動くのでしょう？

実は、本当のことを言うと、「資産」「負債」が動く取引を、会計の世界では「取引」と呼ぶんです。とんちみたいですみません。

さて、会社が行う取引は、「資産」と「負債」の差額がどう変化するかによって、以下の４つのパターンに分かれます。

パターン1 資産と負債の差額が変化しないケース
パターン2 株主からの出資により、差額が変化するケース
パターン3 会社が儲けたこと（損したこと）により、差額が変化するケース
パターン4 その他の理由により、差額が変化するケース

上記パターン４は第２章で説明します。

ここでは順を追ってパターン１、２、３を解説していきましょう。

パターン1 資産と負債の差額が変化しないケース

ケース1-1　「銀行から100万円お金を借りた」とします。資産と負債にどんな動きが起きるでしょう？

お金を100万円借りたら、まずはお金という資産が100万円増えますよね。このお金という資産を「現金」と呼ぶことにしましょう。

起きたこと①　**現金という資産が 100 万円増えた。**

次に銀行に対して返済しなければならない義務が生まれましたよね。
この義務を負債と呼びます。またこの負債を「借入金」と呼ぶことにしましょう。

起きたこと②　**借入金という負債が 100 万円増えた。**

こんな感じです。ここでのポイントは、資産と負債が同額増えたので、資産と負債の差額は変わらないということです。

ケース1-2　「50万円の机を現金で買った」とします。資産と負債にどんな動きが起きるでしょう？

机という資産が50万円増えますよね。いま机のことを「備品」と呼ぶことにしましょう。

起きたこと①　**備品という資産が 50 万円増えた。**

次に現金という資産が50万円減りましたよね。

起きたこと②　**現金という資産が 50 万円減った。**

ここでのポイントは、ある資産が増え、別の資産が減りましたが、資産全

体では増減がないので、資産と負債の差額は変わらないということです。

ケース1-3 「**銀行に50万円借入金を返済した**」とします。いま利息の話は単純化のために無視します。

50万円返済したら、まずは手元の現金という資産が50万円減りますよね。

起きたこと① **現金という資産が 50 万円減った。**

次に銀行に対する借入金という負債が50万円減りましたよね。

起きたこと② **借入金という負債が 50 万円減った。**

こんな感じです。ここでのポイントは、資産と負債が同額減ったので、資産と負債の差額は変わらないということです。

こんな風に、資産と負債の動きはあるが、両者の差額は変わらないという取引はいっぱいあります。良かったら他にもどんな取引があるか、いろいろ想像してみて下さい。

以上、パターン1でした。

パターン2 株主からの出資により、差額が変化するケース

それでは資産・負債の差額が変化するケースを考えてみましょう。まずは株主から出資を受ける取引です。

> ケース2
> **株主から現金で300万円の出資を受けたとします。**
> **資産と負債にどんな動きが起きるでしょう？**
>
> 300万円の出資を受けたということは、会社の現金が300万円増えましたよね。
>
> 起きたこと① **現金という資産が 300 万円増えた。**
>
> 他に資産・負債の増減はあるでしょうか？　あれ？無いですね。
>
> 起きたこと② **ほかに資産・負債の動きはない。**
>
> その結果、資産と負債の差額が300万円生まれましたね。

　このように、株主から出資を受けると資産が増えますが、負債は変化しません。

　したがって出資を受けることによって資産と負債の差額が生まれます（なお、逆に出資の払い戻しなどによって差額が減るケースは特殊なのでここでは割愛します）。

　出資を受けることによって差額が生まれました。
　この差額は何と呼べば良いでしょうか？

　資産と負債の差額のことを「資本」といいます。

　「資本」という言葉の定義の話は後でしますが、ここでは、株主から出資を受けると、「資産」と「負債」の差額が増えたぞ！　という点をよく覚えておいて下さい。

　出資によって生じた差額は、「資本金」と呼びます。

　ここで注意して下さい。

　資本とは資産と負債の差額全体のことです。

　資本金とは、資本の一部です。資本のうち、出資を受けることによって生じた差額の部分を「資本金」と呼んでいます。出資を受ける以外の他の理由によって差額が生じるケースは後述します。

　資本金という言葉は、紛らわしい言葉です。資本金とは、実際にお金がどこかにあるわけではなく、単に「出資によって差額が生じましたよ」という説明の言葉です。なんとか金、という言い方が、あたかもお金のような誤解を招くだけです。

　例えば現金という資産は実際に存在します。資産と負債は全て実在します。目に見えなくても権利や義務としてこの世に実在します。資本はただの差額であり、何も存在しません。そこに書かれている資本金という言葉はただの説明のセリフです。どこかに存在する何か、ではありません。

　「資本金が１億円の会社」というと金庫に１億円のお金を大事にとってあるんだろうと思っている人が結構いますが、それは違います。もし金庫に１億円が本当にあったらそれは資本金ではなく「現金」という資産です。資本金１億円という意味は「この差額１億円は出資によって生じた差額ですよ」という説明文章を「資本金」という３文字に凝縮したものに過ぎません。それが資本金の正体です。

　「おはようございます」は実在する何か、ではなく、セリフですよね。それと同じです。後でまた解説します。

　資本（差額）が出資によって生じるケースを見ましたね。資本金の他にも資本（差額）が生じるケースはあるのでしょうか？

パターン３ 会社が儲けたこと（損したこと）により、差額が変化するケース

ケース3-1 **お客様からコンサルティングサービス報酬として現金100万円を受け取ったとします。**

会社の現金が100万円増えましたよね。

起きたこと① **現金という資産が 100 万円増えた。**

他に資産・負債の増減はあるでしょうか？　あれ?無いですね。

起きたこと② **ほかに資産・負債の動きはない。**

その結果、資産と負債の差額が100万円生まれましたね。

このケースでは会社が儲けることによって差額が増えました。

会社が儲けると差額は増えます。儲けによって差額が増えましたよ、という説明書きを「利益剰余金」といいます。

利益剰余金は資本の一部です。
くどいですが、資産と負債の差額を資本といいます。
出資によって生じた資本（差額）を資本金といいます。
もうけによって生じた資本（差額）を利益剰余金といいます。

では次に逆のケースで差額が減るケースを考えてみましょう。

ケース3-2　**家賃として現金10万円を支払ったとします。**

会社の現金が10万円減りましたよね。

起きたこと①　**現金という資産が 10 万円減った。**

他に資産・負債の増減はあるでしょうか？　あれ?無いですね。

起きたこと②　**ほかに資産・負債の動きはない。**

その結果、資産と負債の差額が10万円減りましたね。

この場合は利益剰余金が10万円減ります。つまり儲けによる差額が10万円減ったという意味です。もちろん利益剰余金という何か、が存在するわけではありません。説明書きに過ぎません。

ちなみに出資と儲け以外に差額が動くケース（パターン４　その他の理由により、差額が変化するケース）は第2章で説明します。

貸借対照表

資　産	負　債
	資　本
	利益剰余金

さて、以上で貸借対照表の全体イメージがつかめましたか？

まず、資産と負債を両方見せてますね。

　差額については、「出資による差額」と「儲けによる差額」の金額を見せてくれてます。

　これにより、以下のことが分かります。

・資産と負債の両方が見れて、会社が金持ちか、貧乏かが分かる。
・正味財産の金額が、どのように築かれたかの歴史が分かる。

　歴史が分かるといっているのは、会社の正味財産の金額のうち、いくらが株主からの出資によって生じた金額（資本金）なのか、また、いくらが会社が自力で商売で儲けることによって築いた差額（利益剰余金）なのかが分かるということです。

　会社の正味財産が築かれた経緯を示す履歴書のようなものです。

　このことを説明するために、会社を人間に例えましょう。

【大富豪のドラ息子Ａさんのケース】
　Ａさんは親から巨額の遺産を100億円相続したが、商売が下手でした。
　正味財産をその後60億円減らし、いまは40億円になってしまったとします。

　相続を出資に例えるならば、Ａさんの B/S では、
　　（単純化のために負債をゼロとすると）
　　相続した当初は、
　　資産が100億円、資本金が100億円でした。
　　いまは、
　　資産が40億円。資本金100億円、
　　利益剰余金はマイナス60億円。
　　資本合計は40億円となります。

【貧しい出身だが有能なＢさんのケース】

　Ｂさんは、ほぼ無一文で創業しましたが、商売の才覚があり、努力もしました。

　その後、正味財産40億円を築きました。

　ＢさんのB/Sは、

　　（単純化のために負債をゼロとすると）

　　創業当初はB/Sはほぼすべてがゼロでした。

　　いまは、

　　資産が40億円。

　　資本金ほぼゼロ、

　　利益剰余金40億円、

　　資本合計はＡさんと同じく40億円となります。

　資本合計が「同じ40億円」でもそこに至る経緯は大きく違いますよね。取引するなら商売上手なＢさんを選ぶか、親が金持ちだったＡさんを選ぶか、ケースによって判断するでしょうね（フツーはＢさんですかね）。このように貸借対照表は資産負債の金額や内容だけでなく、正味財産が何によって築かれたか（出資か儲けか）も見せてくれるのです。

　会計が重視してきた2つのテーマを思い出して頂きましょう。

　①会社はどれくらい金持ちか、あるいは貧乏か？
　②商売はうまくいってるのか？

　上の①は説明しましたので、次は②を説明します。

（6）商売はうまくいってるのか？

まずさきほどのケース３－１を振り返ります。

お客様からコンサルティングサービス報酬として現金100万円を受け取ったとします。

会社の現金が100万円増えましたよね。

起きたこと①　**現金という資産が 100 万円増えた。**

他に資産・負債の増減はあるでしょうか？　あれ?無いですね。

起きたこと②　**ほかに資産・負債の動きはない。**

その結果、資産と負債の差額（利益剰余金）が100万円生まれました。

これの続きがあるのです。

いま利益剰余金が100万円増えました。普通の会社ならば資本金はあまり金額が頻繁には変動しませんが、利益剰余金というのは実際に極めて頻繁に毎日増減を繰り返しています。

この利益剰余金の増減が非常に激しいので、別途種類ごとに分けた明細リストを作って、見せてあげた方が親切だと、あなたは思ったとします。

利益剰余金の増加の種類ごとの明細記録のことを収益といいます。
（もちろん詳しい定義の話はあとでカバーします）

この場合の収益の名前は、「売上」と名付けたとします。

起きたこと①　現金という資産が100万円増えた。

起きたこと②　ほかに資産・負債の動きはない。

　　　　↓その結果、

差額は、利益剰余金が100万円増えた。

　　　↓その明細は？

「売上」という収益が100万円増えた。

　　　↓ちなみに、

当期の利益は100万円増えた。

こういう流れになります。

次にさきほどのケース３－２を振り返りましょう。

家賃として現金10万円を支払ったとします。

　　会社の現金が10万円減りましたよね。

起きたこと①　**現金という資産が 10 万円減った。**

　　他に資産・負債の増減はあるでしょうか？　あれ?無いですね。

起きたこと②　**ほかに資産・負債の動きはない。**

　　その結果、資産と負債の差額（利益剰余金）が10万円減りましたね。

利益剰余金の減少の種類ごとの明細記録のことを費用といいます。

（もちろん詳しい定義の話はあとでカバーします）

この場合の費用の名前は、「支払家賃」と名付けたとします。

起きたこと①　現金という資産が10万円減った。

起きたこと②　ほかに資産・負債の動きはない。

↓その結果、
差額は、利益剰余金が10万円減った。
　　↓その明細は？
「支払家賃」という費用が10万円増えた。
　　↓ちなみに、
当期の利益は10万円減った。

という流れになります。

（7）損益計算書は、利益剰余金の当期分の増減の明細を示す報告書

ここで、収益と費用をリストにしたものが「損益計算書」なのです。

なお、損益計算書を英語でProfit and loss statementといいます。略して
P/Lといいます。
読み方は「ピーエル」です。書くときは真中に（/）を入れて下さい。

損益計算書の本質は、利益剰余金の当期分の増減明細です。

さて、皆様は「会計は何を報告すれば良いのか」、イメージが湧いてきま
したでしょうか？

いまはイメージが大事です。

いよいよ次章では、イメージを超えて本格的に、会計の重要な考え方につ
いて定義や論理を理解する世界に挑戦していきましょう。

コラム 1 | 3つの支配

ここでは3つの支配という話をさせて頂きたいと思います。

企業には3つの支配形態が並存しています。どれが絶対的に良いとか、ダメとかではなく、それぞれにメリット・デメリットがあり、賢い経営者はこのメリデメを知った上で、TPOに応じて使い分ける、そんな話です。

図表をご覧下さい。

管理(コントロール)とは何か?

ルール・マニュアルによる支配	力による支配	原理原則による支配
■ルール・マニュアルによる支配（コントロール） 「指示する、指示される」 「指示通りやる」が100点満点である。 <メリット> 多数の人を使って、標準化された仕事を、高品質で実行させるには、絶大な効果を発揮する。 <デメリット> 自由を与えない以上、指示通りやったことへの責任は問えない。⇒当事者意識、責任意識は育たない。 「こうすればもっと良くなる」といった改善。アイデアは求められない。⇒プラスアルファを生まない。	・力による支配 （恐怖政治に限らない） <メリット> 即効力はある。 短期的な戦に強い。 <デメリット> 永続性がない。 責任意識を奪う。 付加価値は生まない。 全否定の必要はない。	■原理原則による支配（コントロール） 「任せる、任される」の関係性が前提である。 任された側はアカウンタビリティを負う。 現場の指揮官が原理原則に基づいて判断・行動する。 <メリット> 原理原則（内なる声）に従う（⇔他人に従う）のであり、最初から当事者意識、責任意識が伴う。 共有する目的のために、新たなアイデアを各人が出し合い、プラスアルファの付加価値を生む。 環境変化が大きい時代においては、中央集権体制には限界があるので、変化への俊敏な対応に強い。 <デメリット> アカウンタビリティ・スキルがないと成立できない。単なるベテランでは足りない。 ⇒アカウンタビリティのOJTの必要性が強調される。

会社には3つの支配が並存する。
目的によって3つを使い分けることが大切。
付加価値を求める現代は、より原理原則による支配にシフトしつつある。

　ここで「支配」というのはコントロール（統制）を指しています。これからお話しすることの一つひとつのパーツは特に新しいことではなく、経営学、組織論、リスク管理などの分野でこれまで議論されてきたことであります。ただこの３つを横に並べてみると、なかなか面白いことが見えてくるという話です。皆様も日常会話の中でこの３つの支配という「組織を語るツール」を是非ご自由にご活用下さい。

　では３つの支配のそれぞれのメリット・デメリットを説明します。

　１つ目は**「ルール・マニュアルによる支配」**です。ここでルールとは公的な法令等に限らず、社内規定や業務マニュアルまで含みます。

　「ルール・マニュアルによる支配」のメリットは、**大勢の人間を使って、標準化された仕事を高品質で達成したい**という目的に照らした場合に、絶大な効果を発揮します。

　製造業における品質管理、輸送業における安全管理、あるいは多数の営業拠点を有する場合の営業店管理などに適しています。

　このコントロールは大昔から日本企業の得意とするものであり、かつての国際競争力の源泉となっていたものでもあります。

　一方、「ルール・マニュアルによる支配」のデメリットについては、これまであまり議論されることが少なかったのではないでしょうか？

　日本企業には、ルール化や詳細なマニュアル化を手放しで「良いこと」と思っている管理者や経営者が結構おられます。品質管理部門出身の経営者の方などに多い印象を持っています。もちろん間違っているとは言いませんが、ネガティブな側面もよく知っておく必要があります。

「ルール・マニュアルによる支配」のデメリットは、自由主義という考え方に照らしてみると明らかになってきます。「マニュアル通りやれ」というのは、言い方を変えれば、相手に自由を与えないということです。自由主義の本質は既述したように「自由と責任はセットである」ということですから、「自由を与えていない人間に責任は問えない」ということを意味します。

逆の立場からみれば「自由が与えられてない以上、責任は負えない」であり、**構造的にメンバーの当事者意識、責任意識は希薄化します。**本書の第1章で、「日本企業で働く人たちは、レスポンシビリティの意識がもともと非常に高いと思っています」と書きましたが、物事には限界がありますし、いつまでも彼らの優れた資質に依存するだけではいけないと思います。「せっかく詳細なマニュアルを整備したのに、メンバーになかなか責任感が育たない」というセリフを聞いたりすることがありますが、これは構造的に当然なんです。

また「言われた通りにやれ」を突き進めるわけですから、「こうすればもっと良くなる」という**創意工夫の芽を摘みます。**

「ルール・マニュアルによる支配」は安定した既存事業においては、通常極めて有効ですが、大きなビジネス環境の変化に直面した時にはその弱点が露呈します。

「指示待ち人間」という言葉があります。会社には通常、「指示を受けて、その通りに仕事をするのが私の使命です」という人は実は大勢います。悪い人ではなく大切な会社の宝ですよね。彼等にとっては「指示待ち」になることがあるのは当然です。そうではなく、指示待ちになってもらっては困る人が指示待ちになるのは大問題です。「ルール・マニュアルによる支配」は**「指示する・指示される」**を前提とした支配形態ですが、運用を間違うと（デメリットが露呈すると）、**指示待ち人間を生む支配形態でもあります。**

　ではどうすれば良いでしょうか。「弱点を別の手段で埋める」というのが有効です。例えば昔の日本企業に「QCサークル活動」というのがありました。Quality Control（品質管理）について工員が各自考えたアイデアを業務終了後にみんなでサークル活動として集まって出し合い、改善につなげていったというものです。いま当時のままのやり方でやったら労務管理上の問題になるかもしれませんが、製造業において作業の標準化、機械化が急速に進んでいったあの時代に、同時に工員の参加意識と創意工夫を引き出していった、当時の日本の製造業の工夫というのは見事と思います。そういう**「別の形で穴埋め」**という発想で対処するのが良いと思います。

　新規事業でも、業務フローが確立されたら、さっそくマニュアル化するというのは、まだまだ多くの業態において、将来的にも必要とされるやり方でしょう。要はメリット・デメリットの理解と使い分けが大事なのだろうと思います。

　次に**「力による支配」**です。これは「トップの言うことを聞け」「部下は上司の言うことを聞け」「子会社は親会社の言うことを聞け」というアプローチです。

　こう言うと恐怖政治やパワハラチックな印象を持たれたかも知れませんね。実は、実際の事例はむしろ逆のケースの方がずっと多いと思います。地方の名門企業などに典型的にみられる例ですが、人柄の大変素晴らしい、創業家の当代の社長がおられて、その方は経営者としても本当に優秀で、社員に心から尊敬されているというケース。このようなケースは結構多いと思います。こういう会社では「社長の真意はどこにあるのだろう」「社長だったらどう考えるだろう」といった良い意味での忖度を含めて「社長の意思」で全員が動く。これも立派に「力による支配」です。これは、その会社においてうまく機能しているならば否定する必要はありません。むしろ社員たちが非常に高いモチベーションを持って幸せに働いており、経営の結果もきちんと出している会社も多くあり、とても素晴らしいことと思います。

　この方法は、一糸乱れぬ統制と即断即決の体制であることから、メリットは「短期的な戦にはめっぽう強い」ことが挙げられます。人材育成においてもスピードが速いです。

　デメリットは、そうは言っても「俺の言うことを聞け」が基本構造ですから**メンバーの当事者意識、責任意識はやはり希薄化する構造です**。また「言われた通りやれ」が基本構造ですから、**創意工夫の芽を摘むこともあります**。

　これも**「指示する・指示される」**が基本形の支配形態であり、運用がうまく行かないと、**イエスマンを生む支配形態**ともいえます。

　とはいえ、この力による支配もまだまだ多くの会社で、社員たちが十分幸せに働いている支配形態として機能している事例もありますので、これも使い分けが大事と思います。

　3つ目は**「原理原則による支配」**です。それぞれの**会社の原理原則の中心は「企業理念」**です。そして各職場においては、職場ごとの優先順位を職場のメンバーで共有すること（例えば、危険作業を行う現場であれば、「再優先は作業員の安全」と確認し合うなど）が大事です。この**「職場における共有された優先順位」**が**「職場レベルの原理原則」**にあたります。

　原理原則はルールではありません。多くの場合、それは単純な善悪二元論でもなく、その本質は、自分たちが何をより優先するか、という「優先順位の表明」です。なお、原理原則は英語でプリンシプルと言います。

　人は誰でも自分の中に価値判断の基準としての原理原則を持っています。それが組織の仲間と共有できたら、それが組織の原理原則になります。ですから原理原則は共有されなければ意味がありません。組織の中でただ一人正

論を吐いても飛ばされるのがオチだったりします。

　「原理原則」の出所はもともと「自分の中の原理原則」であり「自分の内なる声」であります。他者に服従するのではなく、自分の声に従うという意味で、そこには最初から主体性があります。自由意思です。何度も言ってしつこいですが、自由と責任はセットですから、最初から責任意識がセットです。

　皆様もご賛同頂けるのではないかと思いますが、「力でねじ伏せたり」「ルールやマニュアルで縛り付けたり」したとしてもメンバーは言うことは聞いてくれますよね。でも責任意識というものだけは持ってくれません。原理原則による支配だけがメンバーの責任意識を育てる支配形態です。

　また皆で共有しているゴール達成のために「こうすればもっと良くなる」というアイデアを皆が出し合います。創意工夫・付加価値を生む支配形態です。

　そんな風にいうと、単純に「ならば原理原則がいちばん良いじゃないか。うちもそれで行こう」となりがちです。ここに落とし穴があります。

　原理原則による支配というのは、現場を任せた指揮官に原理原則に従った判断・行動をしてもらうというやり方ですが、そこで「正しい情報」が確保されていないと当然に判断を間違います。事実の隠蔽や虚偽の報告がまかり通っているような組織で、流行に乗って「プリンシプル」経営のまねごとをしたりすると痛い目にあいます。そんなことをするくらいならルールで縛り付けたり、力でねじ伏せた方が会社というのはよっぽど安全なんです。

　つまり原理原則による支配が成立するには、その前提として「正しい情報の確保」が必要であり、それを可能にするのが、メンバーのアカウンタビリティの能力なんです。

　仕事を任せる時、私たちはよく「ベテランに任せる」ようにしますが、もっと大事なことはその人にアカウンタビリティの能力が備わっているかどうかを見定めることなんです。

　原理原則による支配は「任せる・任される」を前提にしています。いま日本企業の多くが、環境変化の下で、現場の指揮官に任せる経営をする必要性に迫られています。スピーディで多様な環境変化への対応のためには必然の選択といえます。いかに優秀な本部の精鋭部隊といえども、中央集権式に、世界中に詳細な指示を出し続けることはできなくなったからです。

　ところで最近はよく「ルールベースからプリンシプルベースへ」という言葉を耳にされたりすると思います。どういう意味でしょうか。私見を述べさせて頂きます。

　「民度」という言葉があります。実は私はあまりこの言葉を普段口にしません、ややもすると差別的な表現になりかねないと思っているからです。でもこの他にもっと良い単語が浮かばず、大変便利なものですから、ここでだけ使わせて頂きますのでご容赦下さい。

　乱暴に言いますが、民度が低い集団であれば、実は「力による支配」が一番効率が良いんです。

　そして徐々に民度が上がってくると、「ルール・マニュアルによる支配」が効率が良くなってきます。「俺の言うことを聞け」でなく「皆でルールに従おう」となります。

　さらに民度が高くなって、各自が「内なる声」として原理原則を持つようになると、細かなルールはやがて手かせ足かせになってきます。そうなると「原理原則による支配」が一番効率が良くなります。

　ルールベースからプリンシプルベースへ、というのは、「ルール・マニュアルによる支配」「指示待ち人間」を卒業して、「プリンシプル（原理原則）で判断できる人間」「任せられる人材」になって下さいという意味と解釈しています。

　日本だけでなく、世界中で、多くの産業でかつてないほどの環境変化に直面しています。既存事業の確立された仕事の反復だけでは生き残れなくなっています。その中で環境変化への対応力があり、付加価値を生んでくれる支配形態である「原理原則による支配」に全体としてはウェイトが置かれるようになってきています。高付加価値型産業構造への転換は多くの先進国で重要な国策となっています。その場合に、一番の必要条件は組織メンバーの「アカウンタビリティ能力の育成」であることを思い出して頂きたいと思います。

第2章

資産負債アプローチによる会計入門の実践

世界のプロが学ぶ会計の教科書

資産負債アプローチで使える知識を身につける

1 資産と負債の定義さえ分かれば、会計全体が分かったも同然

〈 資産の話 〉

（1）会計上の資産の定義の前に

　会計の資産の話の前に、そもそも日本語で「資産」という言葉がありますね。

　日本語の「資産」と会計用語の「資産」は別物なんです。話はそこからです。

　下の図をご覧下さい。

資産の図

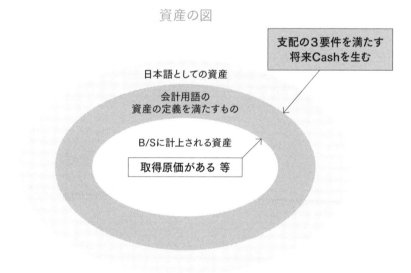

　３つの集合が重なっていますね。一番外側が「日本語の資産」です。私たちは普通に会話の中で「資産」という言葉を使いますね。「あの家は資産家だよね」「海外にも資産を持っているよ」とか、そんな感じです。

　日本語としての「資産」には特に明確な定義はありません。いわゆる言語とはそういうものです。辞書に載っているのは「解説」「説明」「言い換え」であって「定義」ではない。

　そもそも赤ん坊が日本語を習得する過程で「ママ、資産の定義を教えて」と教わってから「資産」という言葉をしゃべり始めるわけではありません。さらに言語というのは非常に広がりがあるものであって、語る本人が、例えば自分の会社にとって××が大事なものだと思ったら、「××は我が社の大事な宝です。資産です」と言ってもそれは正しい日本語なのだと思います。「××」に入る言葉は語る本人の主観で決めて良いのだと思います。

　そういう意味では「日本語の資産」は、明確な定義がないだけに境界線があいまいであり、一番範囲が広いわけです。

　ところで、会社が持っている「日本語の資産」にはどのようなものがあるでしょう？

　現金、商品、設備、不動産、などを挙げる人が多いですね。それらに加えて、ヒト（社員）、ブランド価値、技術力、ノウハウ、発明や特許、おっと一番大切な資産を忘れていました。お客様。いろいろ挙げてみて下さい。
　あなたが資産と思うなら何でもアリです。

　次に、上記の「日本語の資産」に対して「会計上の資産」は、明確に「定義」があります。今日、会計において「資産」という言葉は、「定義を持った学術用語」です。つまりその定義を満たすものが会計上の資産であり、定義を満たさないものは会計上の資産に該当しないということになります。今日では、世界中で会計の基本的なコンセプトはほとんど統一されてきており、会計上の資産の定義もほとんど一致しています。なお、会計ルールを作る人たちの間では、今後も時代の変化の下で、定義自体をずっと見直し続けてゆ

くことになっています。

　話を進めましょう。会計上の資産に該当したら（会計上の資産の定義を満たしたら）、それは自動的にB/Sに計上される（記載される）のでしょうか？　実は、定義を満たすだけではダメで、さらに一定の条件をクリアしたものだけが実際にB/Sに計上されます。

　以上をまとめると、こうなります。
・「日本語の資産」の範囲が一番広い。
・定義を持った「会計上の資産」は「日本語の資産」に含まれる。
・「会計上の資産」のうち、一定条件を満たしたものが「B/S上の資産」となる。

それでは、会計上の資産の定義を説明しましょう。

（2）会計上の資産の定義

　「資産とは、会社が実質的に所有する、価値を有するものである」

前著でも紹介した定義です。この定義にはポイントが2つありますので、説明します。※

①「実質的に所有する」というポイントです。「実質的に所有」というのは読者に分かりやすくするための言い換えであって、会計の世界では本当は「支配する」という言葉になります。

　会計上、資産とされるには、まずは会社が支配していること、が求められます。

　支配とは何でしょう？　次の3つをすべて満たしていたら、会計の世界

では、対象物を支配している、とみなします。
※本稿は国際会計基準という会計基準の考え方とほぼ同じ考え方です。コラムで詳説します。

１）ほとんどすべてを自由に使える（消費するとか）。
２）使用によるメリットを享受できる。
３）他者による使用を排除できる。

社用車に例えると、
１）会社が社用車を自由に使える。
２）社用車を使うメリット（仕事がはかどるとか）は会社が享受できる。
３）知らないおっさんが乗り込もうとしていたら追っ払える（他者の排除）。
という感じです。

なお、自由に使えることを「指図できる」という言い方をしたりします。

また当たり前ながら、この「支配」というのは、過去に買いましたなど、「いま現在すでに有効に支配している」という意味です。

「将来支配するつもり」ではダメです。すでに支配しているとはなりません。

②2つ目のポイントは、「価値を有するもの」というポイントです。

価値を有する、とは何でしょう？

価値を有するというのは、「将来キャッシュを生む」という意味です。

「将来キャッシュを生む」とは何でしょう？　ニワトリがタマゴを産む感じでしょうか？　違います。

「将来キャッシュを生む」には 2 つのパターンがあります。

　1つ目は、「現金回収」というパターンです。現金を貸した相手から現金を回収する権利を持っているとします。この「現金を回収する」ことを現金回収といいます。この現金回収は「将来キャッシュを生む」の 1 つのパターンとみなします。

　2つ目は、「投資回収」というパターンです。例えば、メーカーが100億円の設備投資をしたとします。これは設備を転売して儲けるためではなく、設備を稼働させて、製品を生産し、販売して利益を上げることによって投資の回収を図るためですよね。これを投資回収といいます。何年間もかかるかも知れませんが、これも立派に「将来キャッシュを生む」パターンとみなします。

なお、価値を有する「もの」と言っていますが、この「もの」というのは、物体ではなく「権利」という意味です。「もの」の所有権や目に見えない法的権利としての著作権など、資産にはいろいろありますが、広い意味で資産というものは結局は何らかの「権利」である、という考え方です。

また、将来キャッシュを生む、という点について、その確実性はどの程度必要なのか、という論点があります。最近の会計の考え方では、可能性は低くても資産の定義は満たせるという考え方を採用しています。ただその場合、「資産の定義は満たしても、B/Sには計上できない」なんてことが起きる可能性があります。これについては次の項目で説明します。
　以上が会計上の資産の定義の話でした。次にB/S上の資産の話をします。

（3）その資産はB/Sに計上できるか？

前述したように、会計上の資産の定義を満たしても、すべてがB/Sに計上

できるとは限りません。さらに一定の条件をクリアする必要があります。ただし、ここはちょっと日常的な取引の会計ではあまり関わりのない論点なので、さらっと行きましょう。

　ある資産がB/Sに計上されるための条件
　・条件１　会計上の資産の定義を満たしていること（前述しましたね）
　・条件２　投資家の将来予測に役立つ情報であること
　・条件３　将来キャッシュが生まれる可能性が高いこと
　・条件４　信頼をもって金額をいくらにするか決定できること

　まず条件１はもう説明しました。
　条件２はあまり普段気にする必要はない論点と思います。
　条件３ですが、注意が必要です。

　さきほどの「将来キャッシュを生む可能性が低い資産」は、資産の定義は満たせても、上記の条件３をクリアできないため、B/Sには計上されません。

　次に、上記の４の金額をいくらにするか決定することを「測定」といいます。

　会計の世界における「測定」の基本的な考え方は、資産のタイプによって異なります。説明しましょう。

　資産というのは、そもそも利益を生むために買いますよね。社長の趣味のコレクションではありません。利益を生むために資産を取得する。これを投資といいます。

　投資には２つのタイプがあります。

【金融投資】

　これは他社の株を買うなどのケースで、「金融投資」といいます。その意味は、「その資産の次のステージは売却・換金ですよね」というタイプの資産です（ちなみに商品在庫などのいわゆる棚卸資産も売却はしますが、単なる現金化、換金処分ではなく事業活動として販売するとみなし、次の事業投資に含めます）。

　金融投資の場合、「いくらで売れるか」が大事ですね。「いくらで売れるか」を「時価」といいます（時価にもいくつか種類はありますがここでは省略します）。

　金融投資の資産をB/S上いくらで計上しますか？　の答えは「時価」が基本です（細かいルールは色々あります）。

　普通の会社でしたら、他社の株を投資目的で買うケースが代表的ですね。この場合、100万円で買った株が決算日に120万円に値上がりしていたら、その株（投資有価証券といいます）の金額を、100万円から時価の120万円に増額します。時価に合わせて金額を増やしたり、減らしたりすることを「時価評価」といいます。
　金融投資の資産は、時価で「測定」するのが基本です。

【事業投資】
　一方、工場とか、設備とか、商品在庫のような棚卸資産など、金融投資以外のすべての投資は、その資産を「売却・換金する」ではなく「事業に役立てる（消費するなど）」のが目的ですよね。これを「事業投資」といいます。この場合、「いくらで換金できるか」は関係ありません。

　山の中に建てた新工場は、事業がうまくいけば将来、巨額のキャッシュを生み出すでしょう。でも工場をいま売却しようとしたら、欲しがる人がいなければ二束三文でしか売れないかもしれません。その場合、建てたばかりの工場を「工場自体を売却処分したらいくら」で評価するのはナンセンスです

ね。工場の寿命一杯使い倒して、目いっぱい儲けたいわけです。その場合、資産を時価評価することは合理的ではありません。

　事業投資で買った資産は、まずは買った値段でB/Sに計上します。その後は、時価評価などしません。

　使っただけ価値が減ったら減額します。ちなみにこの減額することを「減価償却する」といいます。また商売がうまくいかず投資回収できないとなったらその分を減額します。この減額をすることは「減損する」といいます。

　この考え方が通常「取得原価主義」と呼ばれる考え方です。取得というのは「手に入れること」です。原価はコストですね。取得原価とは、「手に入れた時のコスト」であり、フツーのケースだったら「買った時の値段」を指します。
　「買った値段でB/Sに計上したら、あとは時価評価しない」ということです。

　事業投資は取得原価主義で測定します。

　さて、本章の冒頭に、いろんな日本語の資産の例を挙げましたね。
　現金、商品、設備、不動産、ヒト（社員）、ブランド価値、技術力、ノウハウ、発明や特許、お客様、を挙げました。

　このうち、ヒト（社員）、お客様は、支配の対象ではありませんので、そもそも会計上の資産の定義を満たしません。日本語の資産に入りますが、会計上の資産の外側ですね。

　ブランド価値、技術力、ノウハウ、発明や特許などは、会計上の資産の定義を満たしていたとしても、取得原価主義の下ではB/Sには計上されません。何故でしょう？　社員たちが「無から有を生み出した」ものであり、お金を

払って買ってきたわけではないからです。この場合、取得原価はゼロです。その後は時価評価しないので、あとから何億円の価値に化けたとしてもゼロのままです。だからB/Sには現れません。

　現金、商品、設備、不動産、などは事業投資です。取得原価主義に従って、B/Sに計上します。一番真中の集合ですね。

　要はB/Sに載っている資産は、会社の資産の一部に過ぎないんです。ほぼ「金で買ってきたものだけ」ですね。

　以上のように、社員たちが自ら生み出した貴重な資産は会社にいっぱいあったりしますが、通常はB/Sに載りません。他の会社から、金を払って買ってくれば載ります。

　皆様は、B/Sに載っている資産にも注意を払って欲しいですが、B/Sに載っていない貴重な資産も心の目で見えるようになって頂きたいです。B/S上の資産とB/Sに載ってない資産の両方がしっかり見えている人。常に両方に注意・関心を払い、それらの資産を創意工夫し活用して、頭で利益を生みだせる人、私はそういう人が本当の意味で「会計の基本が分かっている人」だと思っています。B/Sに載っている資産を上から下まで詳しく知ってる人とは別の意味で、会計が分かっている人だと呼びたいです。**今日では、このようなB/Sに載らない貴重な資産への関心が非常に高まっています。**このことは意識した方が良いでしょう。

（4）会計上の負債の定義

　「負債とは、会社が将来、資産を支払わなければならない支払義務である」

　さっそくポイントを説明しましょう。

①借りていたお金は負債ではない。

　友人から３万円お金を借りました。友人から手渡された１万円札３枚をあなたは手に握っています。ここで問題です。

「その１万円札３枚はあなたにとって負債ですか？」

　答えは「負債ではない」が正解です。１万円札３枚は「現金という資産」であって負債ではありません。「借りてきたお金」と言ったら、それはお金であり、現金です。また現金と負債を兼ねてるのではないか、という人がいますが、兼ねてません。そもそも兼ねるというのは会計ではあり得ません。

　では負債とは何でしょう？　目の前の現金とは全く別個に、友人に対して返済しなければならないという「支払義務」が生まれましたね。その義務は目に見えませんね。この目に見えない支払義務のことを「負債」といいます。

②将来、資産を支払わなければならない、というポイント。

　会社が義務を負えば、何でも負債になるわけではありません。将来、我が社の資産を引き渡す義務（たいてい現金ですが）だけが負債です。例えば、ホテルのフロントがお客様から貴重品を預かったとします。まず、預かった貴重品はホテルの資産ではありませんよね。お客様に貴重品をお返しする義務は負債でしょうか？

　負債というのは定義にあるように、「将来資産を支払う義務」です。この貴重品はお客様のもので、ホテルの資産ではありませんから、資産でないものをお渡しする義務は、ホテルの資産が外に出ていく話ではないので負債に該当しません。

③いますでに負っている義務が対象です。

　これから負うことになる義務が負債の対象ではありません。過去からの経緯で、いますでに負っている義務を指します。

④支払わなくても構わないものは負債ではありません。

　「支払わないで済む」ことが理論的には可能性があったとしても、現実的には不可能とみなせる場合、負債はある、と判断します。

（5）会計上の資本の定義

　「資本とは、資産と負債の差額である」

　説明しましょう。

　というより説明はもう終わりました。

と言っても過言ではありません。資本とは資産と負債の差額であり、それ以上でも以下でもありません。

　次の図を使って説明しましょう。

図①

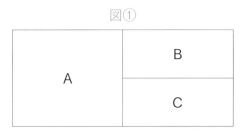

　図①を見て下さい。
A、B、Cはそれぞれ独立した概念定義を持っているとします。

　・Aとはそもそも×××である。
　・Bとはそもそも○○○である。
　・Cとはそもそも△△△である。

　一方、常にＡ＝Ｂ＋Ｃが成立しているとします。

　いまＡＢＣのそれぞれが全く別々の概念定義を持っていて、かつＡ＝Ｂ＋Ｃという関係が「常に」成立していたとしたら、これはもう奇跡という他はないですよね。というより、論理的に破綻しています。

　では、本当に起きていることは何かというと、図②が正解なんです。

図②

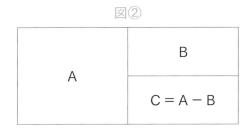

　お気づきのように、
　　Ａは資産であり、独立した概念定義がある（すでに学びましたよね）。
　　Ｂは負債であり、独立した概念定義がある（すでに学びましたよね）。
　　となると、必然的に、
　　ＣはＡ－Ｂである。Ｃに独立した概念定義はない。
　　ＡとＢの差額をＣと呼んでいるに過ぎない、となります。

　このＣは独立した概念定義を持ちません。独立した概念定義によって資産と負債の金額が算定される。その結果として出てきた差額を、資本と呼んでいるにすぎません。ネーミングレベルの話です。これを「従属的定義」といいます。

　資本を、資産・負債の算定の結果を受けて出てくる差額、と従属的に捉えている点に注目しておいて下さい。

その差額である「資本」のところに何か書いてあります。

（株主資本）
資本金
資本剰余金
利益剰余金
（その他の包括利益累計額）
その他有価証券評価差額金
×××

こんな感じです。

　資本金って何でしょうか？　この辺は第1章で触れましたね。
　そうでしたっけ？　という方は第1章をちょっと振り返って下さい。何度
も戻るのはとても良いことだと思っています。

　さて、資本金以下のそれぞれは、差額が生じた理由の説明書きです。

　差額は何によって生まれるでしょう？

　まず株主が出資すると差額は増えます。
　1億円出資を受けると現金という資産が1億円増える。
　負債は変わらない。
　差額が1億円増える。ですよね。

　ちなみに出資による差額は、「資本金と資本剰余金の合計」です。
　第1章では単に「資本金」と言いましたが、それはデフォルメした言い方
でした。出資による差額のうち、資本金として表示した部分（資本金）と、
それ以外（資本準備金）の2つに分けて表示します。資本金として表示する

金額というのは、会社法という法律の下で各社の判断を反映して金額を決めています。

　次に会社が儲けると差額が増えます。これが利益剰余金でしたね。

　出資による差額と儲けによる差額の合計が「株主資本」と呼ばれます。

　会社のオーナーは株主ですから、出資によって生じた差額と儲けによって生じた差額の合計に相当する金額の正味財産は理論上、株主に帰属します。なので株主資本といいます。

　次に、金融投資で買った資産などは、最後に売却換金しなければ最終的にいくら儲かるか、確定しませんよね。これを「投資のリスクからまだ解放されてない」なんて言い方をします。先ほど資産の測定のところで、金融投資は時価評価が基本と言いました。100万円で買った他社の株が期末に120万円になったら、投資有価証券の金額を120万円に増額するのです。

　しかしまだ儲けが決まったわけではありませんので、この場合は「利益剰余金が増えた」とはみなしません。利益剰余金というのは、「投資のリスクから解放された儲けの累積の金額」なんです。すでに確定した儲けです。
　でも資産が20万円増えてますから差額が20万円増えることは避けられませんね。

　そうすると「出資による差額」と「儲けによる差額」の他に、もう一つ、「その他の差額」が欲しくなります。
　この「その他の差額」のことを「その他の包括利益累計額」と言います。

　典型的な例は、いま言った他社の株を持っていて、それを時価評価したことによって生じた差額です。これを「その他有価証券評価差額金」といいます。これは株主に帰属すると言うのはまだ早い（儲かったというにはまだ早

い）という訳で、株主資本には含めません。

（6）収益・費用の定義

「収益とは、利益剰余金の当期中の増加の明細である」
「費用とは、利益剰余金の当期中の減少の明細である」

　先ほどの利益剰余金の話を思い出して下さい。利益剰余金は「儲けによる差額である」という説明書きでした。

　利益剰余金は通常の会社では、きわめて頻繁に日々増減を繰り返しています。どんな理由によって利益剰余金が増減しているのか、明細が見たい。

　それが収益・費用です。もともと利益剰余金自体が説明書きですから、その明細記録である収益・費用は、説明のさらなる明細の説明です。

　利益剰余金が増加したら、その明細である収益の記録も残しておく。
　利益剰余金が減少したら、その明細である費用の記録も残しておく。

　こういうことです。

　この収益と費用のリストが、損益計算書です。

　収益と費用はそれぞれ増えることはあっても減ることは基本的に２つの例外を除いてありません。その例外とは、何らかの訂正をする時と、後述する決算処理というプロセスで年度の終わりに収益と費用をゼロに戻す時です。
　それでは、これから定型フォームというのを使って、B/S、P/Lの動きを瞬時につかむ練習をやってみましょう。

2 ｜ 定型フォームというのを紹介しましょう。

　おかげさまで定型フォームを始めて10年は経ったかと思います。あくまで筆者の周辺だけかも知れませんが、少しずつ定型フォームを使った演習を取り入れてくれる会社や講師の先生が増えてきました。

　それでは説明しましょう。

　これから23問の練習問題を出題します。
　この23問で一般的な会社の行う主な取引は、おおむねカバーできるようになっています。
　以下の順番で、ぜひ声を出して（出してる気持ちになるだけでも良いですよ）ご唱和下さい（よろしければ教室でみんなと一緒に唱和する感じを想像してお願いします。それで「唱和」と呼んでいます）。
　1、2問、ちょっと見ればすぐにやり方の要領が分かると思います。

　なお、定型フォームでは、1つ1つの取引ごとにB/S、P/Lの動きを追いかけます。実際の会社では年に一度の決算時、あるいは四半期決算時、さらには社内報告目的で毎月末、などのタイミングでB/S、P/Lを作りますが、理論的には取引のたびに動いています。その動きを理解できることが大事です。

B/S、P/Lの動きを定型フォームで説明しよう!

「定型フォーム」

①資産・負債の動きは?
　「何々」という資産が (負債が)
　「いくらいくら」増えた (減った)。

②差額は?
　(1)資本金が「いくらいくら」増えた
　　　(減った)。
　(2)利益剰余金が「いくらいくら」増えた
　　　(減った)。
　(3)「変わらない。」

③収益費用は?
　(1)「何々」という収益 (費用)が「いくらいく
　　　ら」増えた。
　(2)「変わらない。」

④当期の利益は?
　(1)「いくらいくら」増えた。
　(2)「いくらいくら」減った。
　(3)「変わらない。」

貸借対照表

資産	負債
	資本金
	利益剰余金 （当期分） （過年度分）

損益計算書

| 費用 | 収益 |

当期の利益※

※ここはB/S上の利益剰余金の当期分と同じ。
（配当等無視すれば）

では、問題を出しますので、元気よくご唱和下さい!

3　定型フォームにチャレンジ！

定型フォームにチャレンジ！①

①の取引の概要

【練習問題①】

以下のような取引をしたとします。定型フォームを使って説明して下さい。

×1年1月1日	ジョージ・グレイ氏は、自分の個人のお金である現金 3,000,000 円を出資して、グレイ・コンサルティング社を設立した。

＜考えるヒント＞
・ジョージ・グレイ氏から見たらお金を出資したわけだが、会社から見たら出資金としての現金を受け取ったという取引となる。あくまで会社から見て、会社の資産・負債がどう動くか、と考えていこう。

定型フォームを口に出して唱和してみよう。

＜使用する科目名の指定＞
・「お金」は、ここでは現金、預金等を区別せず、「現金」と呼ぶことにします。
・「出資によって生じた差額」は「資本金」として表示することとします。

＜定型フォームのご唱和 ＞

①資産・負債の動きは？（順不同）
・現金という資産が、3,000,000 円増えた。
・他に動きはない。

②差額は？
・資本金が、3,000,000 円増えた。

③収益・費用は？
・変わらない。

④当期の利益は？
・変わらない。

必ず、次ページの図を見て、数字の動きを目で確認して下さい！　▶▶▶

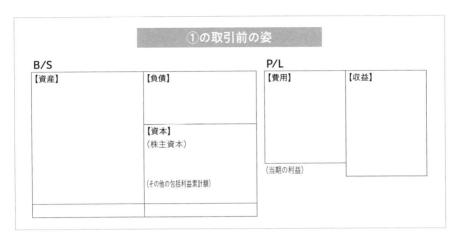

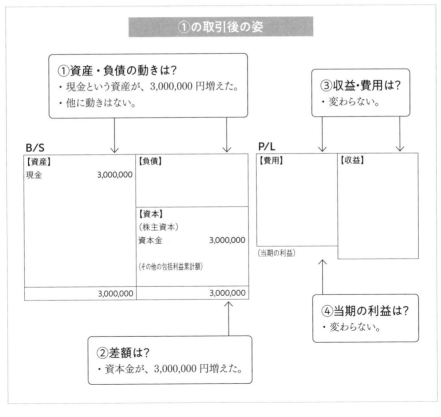

定型フォームにチャレンジ! ②

②の取引の概要

【練習問題②】

以下のような取引をしたとします。定型フォームを使って説明して下さい。

×1年1月1日	会社を設立し、早速仕事をする上で、デスク周りの家具が必要となったので、家具屋さんに行って、現金で 600,000 円の一体型オフィスセットを購入した。

<考えるヒント>
・「お金」は、ここでは現金、預金等を区別せず、「現金」と呼ぶことにします。
・「一体型オフィスセット」は「備品」として表示することとします。

定型フォームを口に出して唱和してみよう。

<使用する科目名の指定>
・「お金」は、ここでは現金、預金等を区別せず、「現金」と呼ぶことにします。
・「一体型オフィスセット」は「備品」として表示することとします。

<定型フォームのご唱和 >

①資産・負債の動きは? (順不同)
・現金という資産が、600,000 円減った。
・備品という資産が、600,000 円増えた。

②差額は?
・変わらない。

③収益・費用は?
・変わらない。

④当期の利益は?
・変わらない。

必ず、次ページの図を見て、数字の動きを目で確認して下さい!

②の取引前の姿

B/S

【資産】		【負債】	
現金	3,000,000		
		【資本】	
		（株主資本）	
		資本金	3,000,000
		（その他の包括利益累計額）	
	3,000,000		3,000,000

P/L

【費用】	【収益】
（当期の利益）	

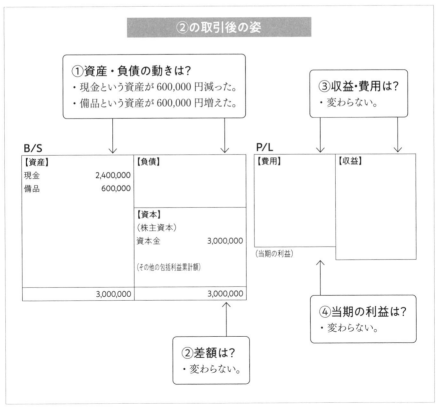

②の取引後の姿

①資産・負債の動きは？
- 現金という資産が 600,000 円減った。
- 備品という資産が 600,000 円増えた。

③収益・費用は？
- 変わらない。

B/S

【資産】		【負債】	
現金	2,400,000		
備品	600,000		
		【資本】	
		（株主資本）	
		資本金	3,000,000
		（その他の包括利益累計額）	
	3,000,000		3,000,000

P/L

【費用】	【収益】
（当期の利益）	

②差額は？
- 変わらない。

④当期の利益は？
- 変わらない。

定型フォームにチャレンジ! ③

③の取引の概要

【練習問題③】

以下のような取引をしたとします。定型フォームを使って説明して下さい。

×1年4月30日	ジョージ・グレイ氏は、お客様から依頼を受けて、コンサルティング業務を行い、報酬として現金 800,000 円を受け取った。

＜考えるヒント＞
・グレイ・コンサルティング社として初めてお客様からのコンサルティングの依頼を受けて、早速ジョージ・グレイ氏自ら業務を行い、報酬を現金で受け取った。

定型フォームを口に出して唱和してみよう。

＜使用する科目名の指定＞
・「お金」は、ここでは現金、預金等を区別せず、「現金」と呼ぶことにします。
・「コンサルティング業務の報酬」はここでは「売上」として損益計算書に表示することとします。

＜定型フォームのご唱和＞

①資産・負債の動きは? （順不同）
・現金という資産が、800,000 円増えた。
・他に動きはない。

②差額は?
・利益剰余金が 800,000 円増えた。

③収益・費用は?
・売上という収益が 800,000 円増えた。

④当期の利益は?
・800,000 円増えた。

必ず、次ページの図を見て、数字の動きを目で確認して下さい!

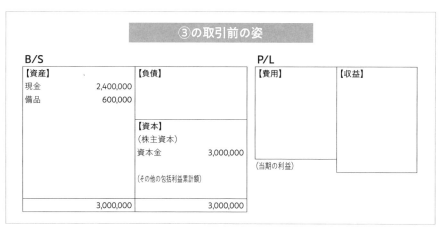

③の取引前の姿

B/S

【資産】		【負債】	
現金	2,400,000		
備品	600,000		
		【資本】	
		（株主資本）	
		資本金	3,000,000
		（その他の包括利益累計額）	
	3,000,000		3,000,000

P/L

【費用】	【収益】
（当期の利益）	

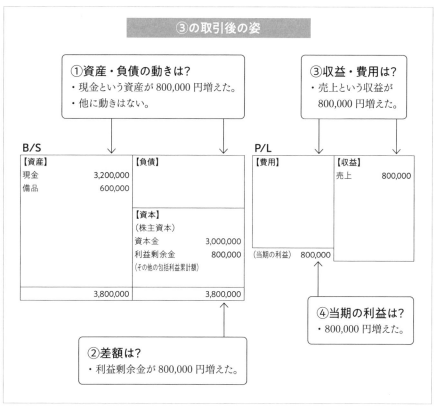

③の取引後の姿

①資産・負債の動きは？
・現金という資産が 800,000 円増えた。
・他に動きはない。

③収益・費用は？
・売上という収益が 800,000 円増えた。

B/S

【資産】		【負債】	
現金	3,200,000		
備品	600,000		
		【資本】	
		（株主資本）	
		資本金	3,000,000
		利益剰余金	800,000
		（その他の包括利益累計額）	
	3,800,000		3,800,000

P/L

【費用】	【収益】	
	売上	800,000
（当期の利益） 800,000		

④当期の利益は？
・800,000 円増えた。

②差額は？
・利益剰余金が 800,000 円増えた。

定型フォームにチャレンジ！④

④の取引の概要

【練習問題④】

以下のような取引をしたとします。定型フォームを使って説明して下さい。

×1年7月31日	知り合いの会社にある仕事を依頼し、業務委託費として現金 300,000 円を支払った。

＜考えるヒント＞

・知り合いの会社に仕事を依頼して業務委託費 300,000 円を現金で支払った。現金が減ったという事象は、実在する現金という資産の減少であるが、業務委託費という費用は実在するものではない。説明書きである。資産・負債の動きこそが真実この会社に起きたことのすべてであり、実在する事象としては現金の減少だけであり、他には何も起きていない。まずは資産・負債の動きを正しく見抜けるようになろう。

定型フォームを口に出して唱和してみよう。

＜使用する科目名の指定＞

・「お金」は、ここでは現金、預金等を区別せず、「現金」と呼ぶことにします。
・「業務委託費」はそのまま「業務委託費」という費用として損益計算書に表示することとします。

＜定型フォームのご唱和＞

①資産・負債の動きは？（順不同）

・現金という資産が、300,000 円減った。
・他に動きはない。

②差額は？

・利益剰余金が 300,000 円減った。

③収益・費用は？

・業務委託費という費用が 300,000 円増えた。

④当期の利益は？

・300,000 円減った。

必ず、次ページの図を見て、数字の動きを目で確認して下さい！　▶▶▶

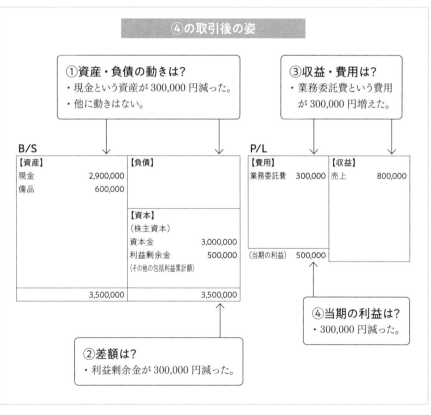

定型フォームにチャレンジ! ⑤

⑤の取引の概要

【練習問題⑤】

以下のような取引をしたとします。定型フォームを使って説明して下さい。

×1年12月31日	1月1日に購入したオフィスセット（備品）について、1年間使ったので、備品という資産の価値は減ったといえる。このことをB/S、P/L に反映させる。

<考えるヒント>

・土地など一部を除いて、ほとんどの資産は使えば使うほど価値は減ってゆく。なのでこの備品の金額もそのままにしておくわけにはいかず、価値が減った分の金額を減らす必要がある。これを「減価償却」という。ここでは備品の寿命（耐用年数といいます）を5年と仮定し、毎期均等に減らすやり方を採用する（定額法といいます）。最後はゼロまで減らすとすると、当期は 600,000 円 ÷ 5 年 = 120,000 円だけ、備品の金額を減らすことにする。

定型フォームを口に出して唱和してみよう。

<使用する科目名の指定>

・資産の名前はもちろん「備品」です。
・「使用による資産価値の減少による利益剰余金の減少」については「減価償却費」という費用を損益計算書に表示しましょう。

<定型フォームのご唱和 >

①資産・負債の動きは?（順不同）

・備品という資産が 120,000 円減った。
・他に動きはない。

②差額は?

・利益剰余金が 120,000 円減った。

③収益・費用は?

・減価償却費という費用が 120,000 円増えた。

④当期の利益は?

・120,000 円減った。

必ず、次ページの図を見て、数字の動きを目で確認して下さい!　▶▶▶

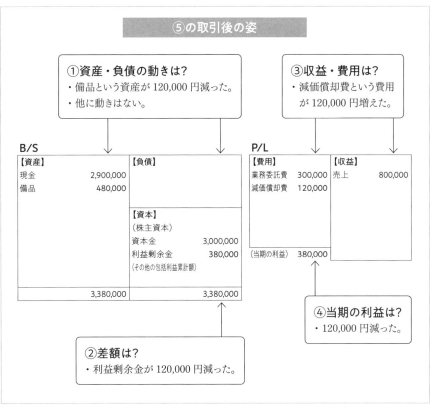

定型フォームにチャレンジ! ⑥

⑥の取引の概要

【練習問題⑥】
決算日を迎えました。 次の日は翌期に入ります。

×1年12月31日	グレイ・コンサルティング社は第1回決算を迎えた。 翌日からは翌期になる。

<考えるヒント>
・収益・費用というのは、当期1年分の利益剰余金の増減明細記録である。
　だから翌期を迎える時はすべての収益・費用はゼロから再スタートする。
・資産・負債・資本は当然ながら、期末（年度末のこと）の残高を翌年度の期首（年度の初めのこと）に引き継ぐ。（例：現金という資産が年度をまたぐと同時に消えたりはしない）
・次ページの図を見て確認しよう!

定型フォームを口に出して唱和してみよう。

<使用する科目名の指定>
・該当なし

<定型フォームのご唱和 >
①資産・負債の動きは? （順不同）
・該当なし

②差額は?
・該当なし

③収益・費用は?
・取引ではないので該当はないが、収益・費用は翌期首にはゼロになっている点を図で確認して下さい。

④当期の利益は?
・該当なし

必ず、次ページの図を見て、数字の動きを目で確認して下さい!　▶▶▶

⑥当期末の姿

B/S

【資産】		【負債】	
現金	2,900,000		
備品	480,000		
		【資本】	
		（株主資本）	
		資本金	3,000,000
		利益剰余金	380,000
		（その他の包括利益累計額）	
	3,380,000		3,380,000

P/L

【費用】		【収益】	
業務委託費	300,000	売上	800,000
減価償却費	120,000		
（当期の利益）	380,000		

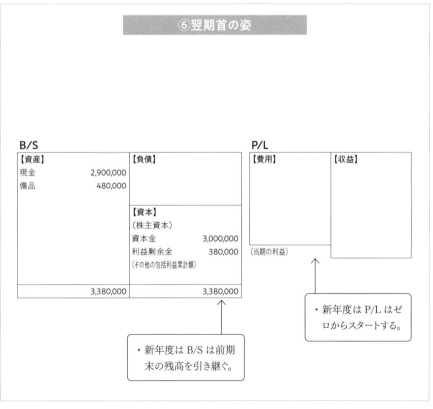

⑥翌期首の姿

B/S

【資産】		【負債】	
現金	2,900,000		
備品	480,000		
		【資本】	
		（株主資本）	
		資本金	3,000,000
		利益剰余金	380,000
		（その他の包括利益累計額）	
	3,380,000		3,380,000

P/L

【費用】	【収益】
（当期の利益）	

・新年度は B/S は前期末の残高を引き継ぐ。

・新年度は P/L はゼロからスタートする。

定型フォームにチャレンジ! ⑦

⑦の取引の概要

【練習問題⑦】

以下のような取引をしたとします。定型フォームを使って説明して下さい。

×2年1月1日	銀行から 5,000,000 円、お金を借りた。利息の支払いは 6 カ月ごとに後払い。利率は年4％である。

<考えるヒント>

・お金を借りたら、何が起きるだろう？現金という資産が増えることと、借入金という負債が増えることの両方を正しく見抜くことが大事である。

定型フォームを口に出して唱和してみよう。

<使用する科目名の指定>

・「お金」は、ここでは現金、預金等を区別せず、「現金」と呼ぶことにします。
・負債の名前は「借入金」として表示することとします。

<定型フォームのご唱和 >

①資産・負債の動きは? (順不同)

・現金という資産が、5,000,000 円増えた。
・借入金という負債が、5,000,000 円増えた。

②差額は?

・変わらない。

③収益・費用は?

・変わらない。

④当期の利益は?

・変わらない。

必ず、次ページの図を見て、数字の動きを目で確認して下さい!　▶ ▶ ▶

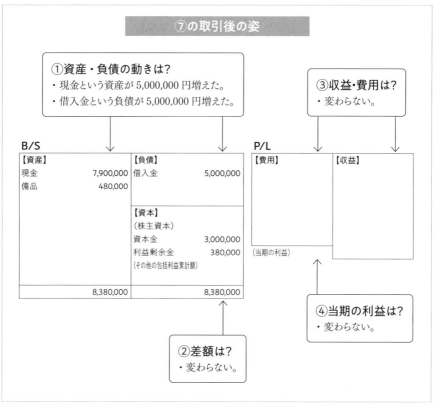

定型フォームにチャレンジ！⑧

⑧の取引の概要

【練習問題⑧】

以下のような取引をしたとします。定型フォームを使って説明して下さい。

×2年2月10日	ジョージ・グレイ氏は、お客様から依頼を受けて、コンサルティング業務を行い、報酬として現金 1,200,000 円を受け取った。

<考えるヒント>

・グレイ・コンサルティング社として再びお客様からのコンサルティングの依頼を受けて、今回もジョージ・グレイ氏自ら業務を行い、報酬を現金で受け取った。

定型フォームを口に出して唱和してみよう。

<使用する科目名の指定>

・「お金」は、ここでは現金、預金等を区別せず、「現金」と呼ぶことにします。
・「コンサルティング業務の報酬」はここでは「売上」として損益計算書に表示することとします。

<定型フォームのご唱和 >

①資産・負債の動きは？（順不同）

・現金という資産が、1,200,000 円増えた。
・他に動きはない。

②差額は？

・利益剰余金が 1,200,000 円増えた。

③収益・費用は？

・売上という収益が 1,200,000 円増えた。

④当期の利益は？

・1,200,000 円増えた。

必ず、次ページの図を見て、数字の動きを目で確認して下さい！　▶▶▶

⑧の取引前の姿

B/S

【資産】		【負債】	
現金	7,900,000	借入金	5,000,000
備品	480,000		
		【資本】	
		（株主資本）	
		資本金	3,000,000
		利益剰余金	380,000
		（その他の包括利益累計額）	
	8,380,000		8,380,000

P/L

【費用】	【収益】
（当期の利益）	

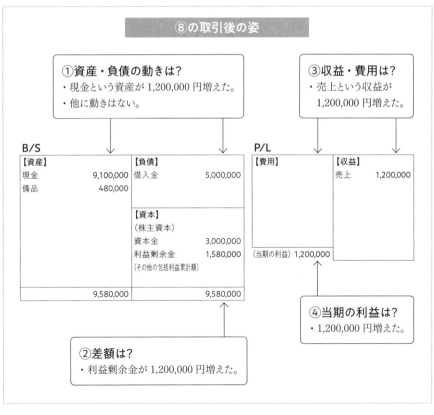

⑧の取引後の姿

①資産・負債の動きは？
・現金という資産が 1,200,000 円増えた。
・他に動きはない。

③収益・費用は？
・売上という収益が 1,200,000 円増えた。

B/S

【資産】		【負債】	
現金	9,100,000	借入金	5,000,000
備品	480,000		
		【資本】	
		（株主資本）	
		資本金	3,000,000
		利益剰余金	1,580,000
		（その他の包括利益累計額）	
	9,580,000		9,580,000

P/L

【費用】	【収益】	
	売上	1,200,000
（当期の利益）1,200,000		

④当期の利益は？
・1,200,000 円増えた。

②差額は？
・利益剰余金が 1,200,000 円増えた。

定型フォームにチャレンジ！⑨

⑨の取引の概要

【練習問題⑨】
以下のような取引をしたとします。定型フォームを使って説明して下さい。

×2年3月6日	知り合いの会社に仕事を再び依頼し、業務委託費として現金500,000 円を支払った。

＜考えるヒント＞
・再び知り合いの会社に仕事を依頼して業務委託費 500,000 円を現金で支払った。前述の取引④の復習にあたる。

定型フォームを口に出して唱和してみよう。

＜使用する科目名の指定＞
・「お金」は、ここでは現金、預金等を区別せず、「現金」と呼ぶことにします。
・「業務委託費」はそのまま「業務委託費」という費用として損益計算書に表示することとします。

＜定型フォームのご唱和＞

①資産・負債の動きは？（順不同）
・現金という資産が、500,000 円減った。
・他に動きはない。

②差額は？
・利益剰余金が 500,000 円減った。

③収益・費用は？
・業務委託費という費用が 500,000 円増えた。

④当期の利益は？
・500,000 円減った。

必ず、次ページの図を見て、数字の動きを目で確認して下さい！ ▶▶▶

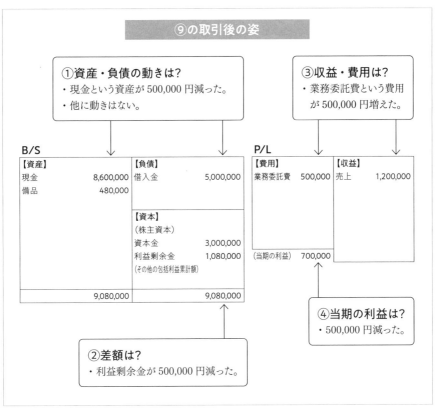

定型フォームにチャレンジ! ⑩

⑩の取引の概要

【練習問題⑩】

以下のような取引をしたとします。定型フォームを使って説明して下さい。

×2年4月1日	コンサルティング業とは別にある専門性の高い商品の販売を始めることとした。そのために商品を 1,400,000 円で仕入れ、現金で支払った。

<考えるヒント>

・商品を仕入れたことにより、商品という資産が増えます。一方、現金という資産が減ります。
　これが会社に起きた事実の全てです。

定型フォームを口に出して唱和してみよう。

<使用する科目名の指定>

・「お金」は、ここでは現金、預金等を区別せず、「現金」と呼ぶことにします。
・商品という資産は、そのまま「商品」として表示することとします。

<定型フォームのご唱和 >

①資産・負債の動きは? (順不同)

・現金という資産が、1,400,000 円減った。
・商品という資産が、1,400,000 円増えた。

②差額は?

・変わらない。

③収益・費用は?

・変わらない。

④当期の利益は?

・変わらない。

必ず、次ページの図を見て、数字の動きを目で確認して下さい!

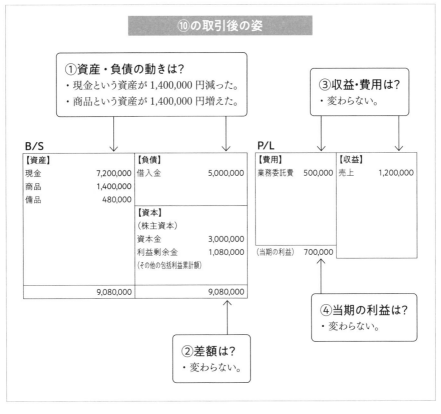

定型フォームにチャレンジ! ⑪ -1

⑪ -1 の取引の概要

【練習問題⑪ -1】

以下のような取引をしたとします。定型フォームを使って説明して下さい。

×2年4月20日	商品の一部(500,000円分)が売れた。販売金額は 1,000,000円であった。

<考えるヒント>

・この⑪－1は、商品という資産が 500,000 円減った。現金という資産が 1,000,000 円増えた。
　差額は?　利益剰余金が 500,000 円増えた。
　収益・費用は?「商品販売益という収益が 500,000 円増えた」ととらえる考え方です。
　ここまでの説明と何も変わらないコンセプトですね。

定型フォームを口に出して唱和してみよう。

<使用する科目名の指定>

・「現金」という資産、「商品」という資産が登場します。
・利益剰余金の増加 500,000 円の明細記録である収益の名前は「商品販売益」にすることとします。

<定型フォームのご唱和 >

①資産・負債の動きは? (順不同)

・商品という資産が、500,000 円減った。
・現金という資産が、1,000,000 円増えた。

②差額は?

・利益剰余金が 500,000 円増えた。

③収益・費用は?

・商品販売益という収益が 500,000 円増えた。

④当期の利益は?

・500,000 円増えた。

必ず、次ページの図を見て、数字の動きを目で確認して下さい！

⑪-1 の取引前の姿

B/S

【資産】		【負債】	
現金	7,200,000	借入金	5,000,000
商品	1,400,000		
備品	480,000		
		【資本】	
		（株主資本）	
		資本金	3,000,000
		利益剰余金	1,080,000
		（その他の包括利益累計額）	
	9,080,000		9,080,000

P/L

【費用】		【収益】	
業務委託費	500,000	売上	1,200,000
（当期の利益）	700,000		

⑪-1 の取引後の姿

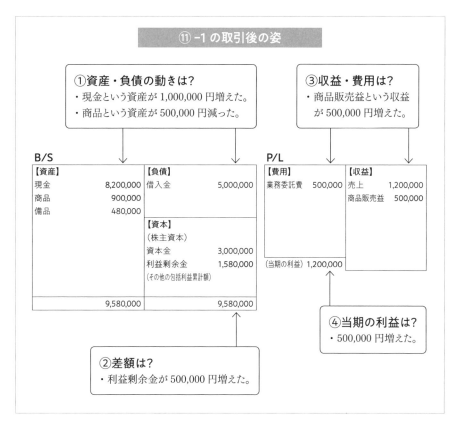

①資産・負債の動きは？
・現金という資産が 1,000,000 円増えた。
・商品という資産が 500,000 円減った。

③収益・費用は？
・商品販売益という収益が 500,000 円増えた。

B/S

【資産】		【負債】	
現金	8,200,000	借入金	5,000,000
商品	900,000		
備品	480,000		
		【資本】	
		（株主資本）	
		資本金	3,000,000
		利益剰余金	1,580,000
		（その他の包括利益累計額）	
	9,580,000		9,580,000

P/L

【費用】		【収益】	
業務委託費	500,000	売上	1,200,000
		商品販売益	500,000
（当期の利益）	1,200,000		

②差額は？
・利益剰余金が 500,000 円増えた。

④当期の利益は？
・500,000 円増えた。

定型フォームにチャレンジ! ⑪ -2

⑪ -2 の取引の概要

【練習問題⑪ -2】

以下のような取引をしたとします。定型フォームを使って説明して下さい。

×2年4月20日	⑪の取引を別の方法で処理するやり方を学びます。 商品の一部(500,000 円分)が売れた。販売金額は 1,000,000 円であった。

<考えるヒント>
・この⑪ー2は、商品という資産が 500,000 円減った。現金という資産が 1,000,000 円増えた。
  差額は？ 利益剰余金が 500,000 円増えた。ここまでは⑪ー 1 と同じ処理です。しかし収益・費用は？「売上」という収益が当期の 1,000,000 円増え、同時に売上原価という費用が 500,000 円増えたとみなす、いわば別解です。⑪ー1と利益 500,000 円は同じですが、グロスアップと言って、収益・費用を両建てする（総額表示ともいいます）方法です。グロスアップは、本業の商品販売取引のみに適用される方法であり、広く行われています。

定型フォームを口に出して唱和してみよう。

<使用する科目名の指定>
・「現金」という資産、「商品」という資産が登場します。
・商品販売益 500,000 円の代わりに、「売上②」という収益 1,000,000 円と「売上原価」という費用 500,000 円とします。

<定型フォームのご唱和 >

①資産・負債の動きは? （順不同）
・商品という資産が、500,000 円減った。
・現金という資産が、1,000,000 円増えた。

②差額は?
・利益剰余金が 500,000 円増えた。

③収益・費用は?
・売上②という収益が 1,000,000 円増えた。
・売上原価という費用が 500,000 円増えた。

④当期の利益は?
・500,000 円増えた。

必ず、次ページの図を見て、数字の動きを目で確認して下さい! ▶▶▶

⑪-2 の取引前の姿

B/S

【資産】		【負債】	
現金	7,200,000	借入金	5,000,000
商品	1,400,000		
備品	480,000		
		【資本】	
		（株主資本）	
		資本金	3,000,000
		利益剰余金	1,080,000
		（その他の包括利益累計額）	
	9,080,000		9,080,000

P/L

【費用】		【収益】	
業務委託費	500,000	売上	1,200,000
（当期の利益）	700,000		

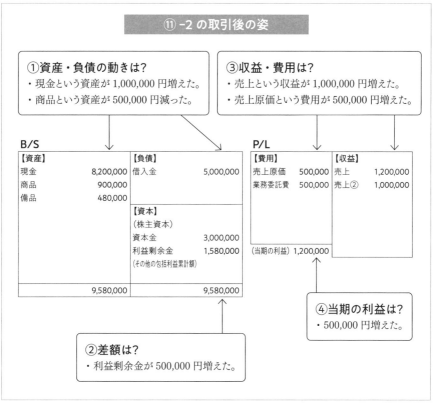

⑪-2 の取引後の姿

①資産・負債の動きは?
・現金という資産が 1,000,000 円増えた。
・商品という資産が 500,000 円減った。

③収益・費用は?
・売上という収益が 1,000,000 円増えた。
・売上原価という費用が 500,000 円増えた。

B/S

【資産】		【負債】	
現金	8,200,000	借入金	5,000,000
商品	900,000		
備品	480,000		
		【資本】	
		（株主資本）	
		資本金	3,000,000
		利益剰余金	1,580,000
		（その他の包括利益累計額）	
	9,580,000		9,580,000

P/L

【費用】		【収益】	
売上原価	500,000	売上	1,200,000
業務委託費	500,000	売上②	1,000,000
（当期の利益）	1,200,000		

②差額は?
・利益剰余金が 500,000 円増えた。

④当期の利益は?
・500,000 円増えた。

定型フォームにチャレンジ! ⑫

⑫の取引の概要

【 練習問題⑫ 】

以下のような取引をしたとします。定型フォームを使って説明して下さい。

×2年4月30日	商品 500,000 円分が 1,100,000 円で売れた。掛売りであり、代金は 5 月 31 日に 500,000 円を、12 月 30 日に残額を入金予定である。

<考えるヒント>

・飲食店のツケと同じで、代金支払を待ってあげるケースがある。これを掛売りという。掛売りするとお客様に対する債権（現金を回収する権利）が生まれる。このように販売によって生じた債権を「売掛金」という。

定型フォームを口に出して唱和してみよう。

<使用する科目名の指定>

・「お金」は、ここでは現金、預金等を区別せず、「現金」と呼ぶことにします。
・掛売りによって生じた債権は「売掛金」として表示することとします。
・収益と費用は「グロスアップ」とします。

<定型フォームのご唱和 >

①資産・負債の動きは？（順不同）

・商品という資産が、500,000 円減った。
・売掛金という資産が、1,100,000 円増えた。

②差額は？

・利益剰余金が 600,000 円増えた。

③収益・費用は？

・売上②という収益が 1,100,000 円増えた。
売上原価という費用が 500,000 円増えた。

④当期の利益は？

・600,000 円増えた。

必ず、次ページの図を見て、数字の動きを目で確認して下さい！

⑫の取引前の姿

B/S

【資産】		【負債】	
現金	8,200,000	借入金	5,000,000
商品	900,000		
備品	480,000		
		【資本】	
		（株主資本）	
		資本金	3,000,000
		利益剰余金	1,580,000
		（その他の包括利益累計額）	
	9,580,000		9,580,000

P/L

【費用】		【収益】	
売上原価	500,000	売上	1,200,000
業務委託費	500,000	売上②	1,000,000
（当期の利益）	1,200,000		

⑫の取引後の姿

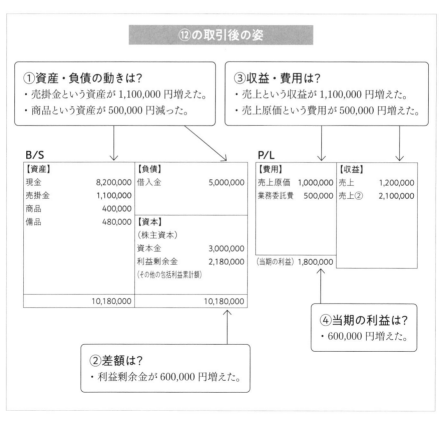

①資産・負債の動きは？
- 売掛金という資産が 1,100,000 円増えた。
- 商品という資産が 500,000 円減った。

③収益・費用は？
- 売上という収益が 1,100,000 円増えた。
- 売上原価という費用が 500,000 円増えた。

B/S

【資産】		【負債】	
現金	8,200,000	借入金	5,000,000
売掛金	1,100,000		
商品	400,000		
備品	480,000	【資本】	
		（株主資本）	
		資本金	3,000,000
		利益剰余金	2,180,000
		（その他の包括利益累計額）	
	10,180,000		10,180,000

P/L

【費用】		【収益】	
売上原価	1,000,000	売上	1,200,000
業務委託費	500,000	売上②	2,100,000
（当期の利益）	1,800,000		

②差額は？
- 利益剰余金が 600,000 円増えた。

④当期の利益は？
- 600,000 円増えた。

定型フォームにチャレンジ! ⑬

⑬の取引の概要

【練習問題⑬】
以下のような取引をしたとします。定型フォームを使って説明して下さい。

×2年5月31日	売掛金のうち 500,000 円を約束通り 5 月 31 日に回収した。

<考えるヒント>
・売掛金の回収は、売掛金と現金の動きを生じさせる。ここは大丈夫ですよね。

定型フォームを口に出して唱和してみよう。

<使用する科目名の指定>
・「お金」は、ここでは現金、預金等を区別せず、「現金」と呼ぶことにします。

<定型フォームのご唱和 >

①資産・負債の動きは?（順不同）
・現金という資産が、500,000 円増えた。
・売掛金という資産が、500,000 円減った。

②差額は?
・変わらない。

③収益・費用は?
・変わらない。

④当期の利益は?
・変わらない。

必ず、次ページの図を見て、数字の動きを目で確認して下さい!　▶▶▶

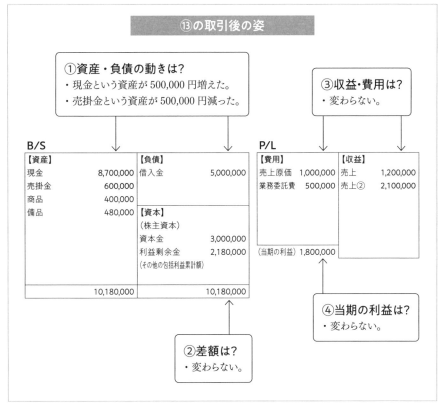

定型フォームにチャレンジ! ⑭

⑭の取引の概要

【 練習問題⑭ 】

以下のような取引をしたとします。定型フォームを使って説明して下さい。

×2年6月30日	火災保険料 100,000 円を現金で支払った。保険期間は×2年 7 月 1 日から×3 年 6 月 30 日の 1 年間である。

＜考えるヒント＞

・現金という資産が 100,000 円減ったというのは良いとして、実は同時に手に入れているものがあります。それは 1 年間にわたって「保険」というサービスを受ける権利です。将来サービスを受ける権利を 100,000 円で買ったのです。

　この「将来サービスを受ける権利」は資産です。名前は「前払費用」といいます。紛らわしい名前ですが、100%ピュアに資産です。その意味するところは「将来サービスを受ける権利」です。

定型フォームを口に出して唱和してみよう。

＜使用する科目名の指定＞

・「お金」は、ここでは現金、預金等を区別せず、「現金」と呼ぶことにします。

・将来保険サービスを受ける権利は「前払費用」と呼びましょう。

＜定型フォームのご唱和 ＞

①資産・負債の動きは? （順不同）

・現金という資産が、100,000 円減った。

・前払費用という資産が、100,000 円増えた。

②差額は?

・変わらない。

③収益・費用は?

・変わらない。

④当期の利益は?

・変わらない。

必ず、次ページの図を見て、数字の動きを目で確認して下さい! ▶▶▶

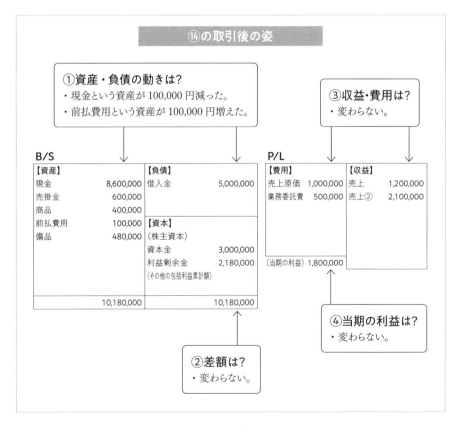

⑭の取引前の姿

B/S

【資産】		【負債】	
現金	8,700,000	借入金	5,000,000
売掛金	600,000		
商品	400,000		
備品	480,000	【資本】	
		（株主資本）	
		資本金	3,000,000
		利益剰余金	2,180,000
		（その他の包括利益累計額）	
	10,180,000		10,180,000

P/L

【費用】		【収益】	
売上原価	1,000,000	売上	1,200,000
業務委託費	500,000	売上②	2,100,000
（当期の利益）	1,800,000		

⑭の取引後の姿

①資産・負債の動きは？
- 現金という資産が100,000円減った。
- 前払費用という資産が100,000円増えた。

③収益・費用は？
- 変わらない。

B/S

【資産】		【負債】	
現金	8,600,000	借入金	5,000,000
売掛金	600,000		
商品	400,000		
前払費用	100,000	【資本】	
備品	480,000	（株主資本）	
		資本金	3,000,000
		利益剰余金	2,180,000
		（その他の包括利益累計額）	
	10,180,000		10,180,000

P/L

【費用】		【収益】	
売上原価	1,000,000	売上	1,200,000
業務委託費	500,000	売上②	2,100,000
（当期の利益）	1,800,000		

②差額は？
- 変わらない。

④当期の利益は？
- 変わらない。

定型フォームにチャレンジ! ⑮

⑮の取引の概要

【練習問題⑮】
以下のような取引をしたとします。定型フォームを使って説明して下さい。

×2年6月30日	銀行から借りている借入金 5,000,000 円について、約束の利払日になったので、利息を支払う。利率4％。利払日は半年毎である。

<考えるヒント>
・利息の金額は、以下のように計算できる。
　5,000,000 円× 4%× 1/2（半年）= 100,000 円
　この金額を現金で支払った。

定型フォームを口に出して唱和してみよう。

<使用する科目名の指定>
・「お金」は、ここでは現金、預金等を区別せず、「現金」と呼ぶことにします。
・費用の名前は「支払利息」とします。

<定型フォームのご唱和 >

①資産・負債の動きは?（順不同）
・現金という資産が、100,000 円減った。
・他に動きはない。

②差額は?
・利益剰余金が 100,000 円減った。

③収益・費用は?
・支払利息という費用が 100,000 円増えた。

④当期の利益は?
・100,000 円減った。

必ず、次ページの図を見て、数字の動きを目で確認して下さい!

⑮の取引前の姿

B/S

【資産】		【負債】	
現金	8,600,000	借入金	5,000,000
売掛金	600,000		
商品	400,000		
前払費用	100,000	【資本】	
備品	480,000	（株主資本）	
		資本金	3,000,000
		利益剰余金	2,180,000
		（その他の包括利益累計額）	
	10,180,000		10,180,000

P/L

【費用】		【収益】	
売上原価	1,000,000	売上	1,200,000
業務委託費	500,000	売上②	2,100,000
（当期の利益）	1,800,000		

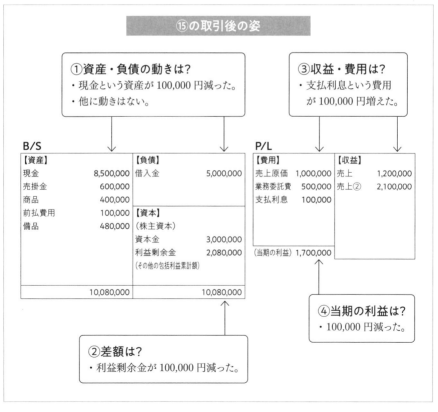

⑮の取引後の姿

①資産・負債の動きは？
・現金という資産が 100,000 円減った。
・他に動きはない。

③収益・費用は？
・支払利息という費用
　が 100,000 円増えた。

B/S

【資産】		【負債】	
現金	8,500,000	借入金	5,000,000
売掛金	600,000		
商品	400,000		
前払費用	100,000	【資本】	
備品	480,000	（株主資本）	
		資本金	3,000,000
		利益剰余金	2,080,000
		（その他の包括利益累計額）	
	10,080,000		10,080,000

P/L

【費用】		【収益】	
売上原価	1,000,000	売上	1,200,000
業務委託費	500,000	売上②	2,100,000
支払利息	100,000		
（当期の利益）	1,700,000		

④当期の利益は？
・100,000 円減った。

②差額は？
・利益剰余金が 100,000 円減った。

定型フォームにチャレンジ！⑯

⑯の取引の概要

【 練習問題⑯ 】

以下のような取引をしたとします。定型フォームを使って説明して下さい。

×2年6月30日	銀行からの借入金の半分 2,500,000 円を返済することとした。利息は払ったばかりなので特に精算は不要。

<考えるヒント>

・借入金を返済すると、負債が減ると同時に、現金という資産が減るので、正味財産は変わらない。

定型フォームを口に出して唱和してみよう。

<使用する科目名の指定>

・「現金」と「借入金」でいきましょう。

<定型フォームのご唱和 >

①資産・負債の動きは？（順不同）

・現金という資産が、2,500,000 円減った。
・借入金という負債が、2,500,000 円減った。

②差額は？

・変わらない。

③収益・費用は？

・変わらない。

④当期の利益は？

・変わらない。

必ず、次ページの図を見て、数字の動きを目で確認して下さい！　▶▶▶

⑯の取引前の姿

B/S

【資産】		【負債】	
現金	8,500,000	借入金	5,000,000
売掛金	600,000		
商品	400,000		
前払費用	100,000	【資本】	
備品	480,000	（株主資本）	
		資本金	3,000,000
		利益剰余金	2,080,000
		（その他の包括利益累計額）	
	10,080,000		10,080,000

P/L

【費用】		【収益】	
売上原価	1,000,000	売上	1,200,000
業務委託費	500,000	売上②	2,100,000
支払利息	100,000		
（当期の利益）	1,700,000		

⑯の取引後の姿

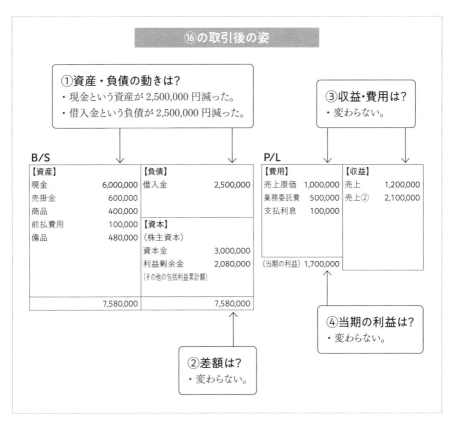

①資産・負債の動きは？
・現金という資産が 2,500,000 円減った。
・借入金という負債が 2,500,000 円減った。

③収益・費用は？
・変わらない。

B/S

【資産】		【負債】	
現金	6,000,000	借入金	2,500,000
売掛金	600,000		
商品	400,000		
前払費用	100,000	【資本】	
備品	480,000	（株主資本）	
		資本金	3,000,000
		利益剰余金	2,080,000
		（その他の包括利益累計額）	
	7,580,000		7,580,000

P/L

【費用】		【収益】	
売上原価	1,000,000	売上	1,200,000
業務委託費	500,000	売上②	2,100,000
支払利息	100,000		
（当期の利益）	1,700,000		

②差額は？
・変わらない。

④当期の利益は？
・変わらない。

定型フォームにチャレンジ! ⑰

⑰の取引の概要

【練習問題⑰】

以下のような取引をしたとします。定型フォームを使って説明して下さい。

×2年7月20日	少し株式投資をしようという話になった。将来有望な B 社の上場株を現金 1,000,000 円で買った。

＜考えるヒント＞

・他社の株というのは、投資目的で保有する場合、時価で資産に計上する必要があります。今日は買ったばかりなので取得原価 1,000,000 円でまずは計上します。のちほど決算時に時価評価することになります。

定型フォームを口に出して唱和してみよう。

＜使用する科目名の指定＞

・「お金」は、ここでは現金、預金等を区別せず、「現金」と呼ぶことにします。
・B 社の株は「投資有価証券」と呼ぶことにします。

＜定型フォームのご唱和＞

①資産・負債の動きは?（順不同）

・現金という資産が、1,000,000 円減った。
・投資有価証券という資産が、1,000,000 円増えた。

②差額は?

・変わらない。

③収益・費用は?

・変わらない。

④当期の利益は?

・変わらない。

必ず、次ページの図を見て、数字の動きを目で確認して下さい!　▶▶▶

⑰の取引前の姿

B/S

【資産】		【負債】	
現金	6,000,000	借入金	2,500,000
売掛金	600,000		
商品	400,000		
前払費用	100,000	【資本】	
備品	480,000	（株主資本）	
		資本金	3,000,000
		利益剰余金	2,080,000
		（その他の包括利益累計額）	
	7,580,000		7,580,000

P/L

【費用】		【収益】	
売上原価	1,000,000	売上	1,200,000
業務委託費	500,000	売上②	2,100,000
支払利息	100,000		
（当期の利益）	1,700,000		

⑰の取引後の姿

①資産・負債の動きは?
・現金という資産が 1,000,000 円減った。
・投資有価証券という資産が 1,000,000 円増えた。

③収益・費用は?
・変わらない。

B/S

【資産】		【負債】	
現金	5,000,000	借入金	2,500,000
売掛金	600,000		
商品	400,000		
前払費用	100,000	【資本】	
備品	480,000	（株主資本）	
投資有価証券	1,000,000	資本金	3,000,000
		利益剰余金	2,080,000
		（その他の包括利益累計額）	
	7,580,000		7,580,000

P/L

【費用】		【収益】	
売上原価	1,000,000	売上	1,200,000
業務委託費	500,000	売上②	2,100,000
支払利息	100,000		
（当期の利益）	1,700,000		

②差額は?
・変わらない。

④当期の利益は?
・変わらない。

定型フォームにチャレンジ！⑱

⑱の取引の概要

【練習問題⑱】

以下のような取引をしたとします。定型フォームを使って説明して下さい。

×2年12月31日	前期末と同様に、備品の減価償却をします。

<考えるヒント>
・前期に続き、備品の寿命（耐用年数）を 5 年と仮定し、毎期均等に減らすやり方を採用している（定額法という）。
　最後はゼロまで減らすとすると、当期も 600,000 円÷ 5 年＝ 120,000 円だけ、備品の金額を減らすことにする。

定型フォームを口に出して唱和してみよう。

<使用する科目名の指定>
・資産の名前はもちろん「備品」です。
・「使用による資産価値の減少による利益剰余金の減少」は「減価償却費」という費用として損益計算書に表示しましょう。

<定型フォームのご唱和>

①資産・負債の動きは？（順不同）
・備品という資産が、120,000 円減った。
・他に動きはない。

②差額は？
・利益剰余金が 120,000 円減った。

③収益・費用は？
・減価償却費という費用が 120,000 円増えた。

④当期の利益は？
・120,000 円減った。

必ず、次ページの図を見て、数字の動きを目で確認して下さい！　▶▶▶

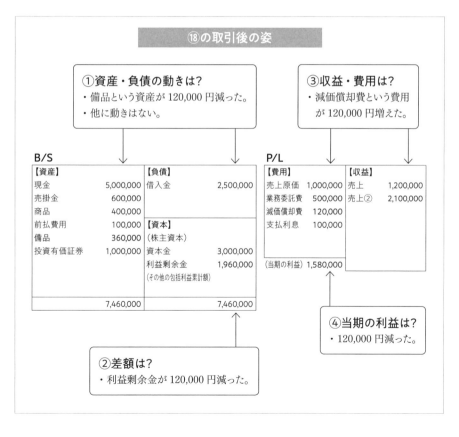

⑱の取引前の姿

B/S

【資産】		【負債】	
現金	5,000,000	借入金	2,500,000
売掛金	600,000		
商品	400,000		
前払費用	100,000	【資本】	
備品	480,000	（株主資本）	
投資有価証券	1,000,000	資本金	3,000,000
		利益剰余金	2,080,000
		（その他の包括利益累計額）	
	7,580,000		7,580,000

P/L

【費用】		【収益】	
売上原価	1,000,000	売上	1,200,000
業務委託費	500,000	売上②	2,100,000
支払利息	100,000		
（当期の利益）	1,700,000		

⑱の取引後の姿

①資産・負債の動きは？
・備品という資産が 120,000 円減った。
・他に動きはない。

③収益・費用は？
・減価償却費という費用が 120,000 円増えた。

B/S

【資産】		【負債】	
現金	5,000,000	借入金	2,500,000
売掛金	600,000		
商品	400,000		
前払費用	100,000	【資本】	
備品	360,000	（株主資本）	
投資有価証券	1,000,000	資本金	3,000,000
		利益剰余金	1,960,000
		（その他の包括利益累計額）	
	7,460,000		7,460,000

P/L

【費用】		【収益】	
売上原価	1,000,000	売上	1,200,000
業務委託費	500,000	売上②	2,100,000
減価償却費	120,000		
支払利息	100,000		
（当期の利益）	1,580,000		

④当期の利益は？
・120,000 円減った。

②差額は？
・利益剰余金が 120,000 円減った。

定型フォームにチャレンジ! ⑲

⑲の取引の概要

【練習問題⑲】

以下のような取引をしたとします。定型フォームを使って説明して下さい。

×2年12月31日	借入金の残額 2,500,000 円に対して、ちょうど年末に半年ごとの利払いのタイミングが訪れた。しかし年末は休日なので、実際の支払いは年明けの予定である。

<考えるヒント>

・利息の支払義務が生じているが、12 月 31 日は休日なので支払は後日（年明け）となる。決算日時点ではこの支払義務を負債として計上する。負債の名前は「未払利息」としておこう。
　このような未払の負債などを計上するタイミングは会社によって実務上の扱いに違いがある。毎月行う会社が多い。最低限、決算日には行う必要がある。
・金額の計算　⇒　2,500,000 円×4％×（6 カ月／ 12 カ月）＝ 50,000 円

定型フォームを口に出して唱和してみよう。

<使用する科目名の指定>

・まだ支払っていない支払利息の支払義務を表す負債の名前は「未払利息」とする。
・費用の名前は今まで同様「支払利息」とする。

<定型フォームのご唱和 >

①資産・負債の動きは? （順不同）

・未払利息という負債が、50,000 円増えた。
・他に動きはない。

②差額は?

・利益剰余金が 50,000 円減った。

③収益・費用は?

・支払利息という費用が 50,000 円増えた。

④当期の利益は?

・50,000 円減った。

必ず、次ページの図を見て、数字の動きを目で確認して下さい!　▶▶▶

⑲の取引前の姿

B/S

【資産】		【負債】	
現金	5,000,000	借入金	2,500,000
売掛金	600,000		
商品	400,000		
前払費用	100,000	【資本】	
備品	360,000	（株主資本）	
投資有価証券	1,000,000	資本金	3,000,000
		利益剰余金	1,960,000
		（その他の包括利益累計額）	
	7,460,000		7,460,000

P/L

【費用】		【収益】	
売上原価	1,000,000	売上	1,200,000
業務委託費	500,000	売上②	2,100,000
減価償却費	120,000		
支払利息	100,000		
（当期の利益）1,580,000			

⑲の取引後の姿

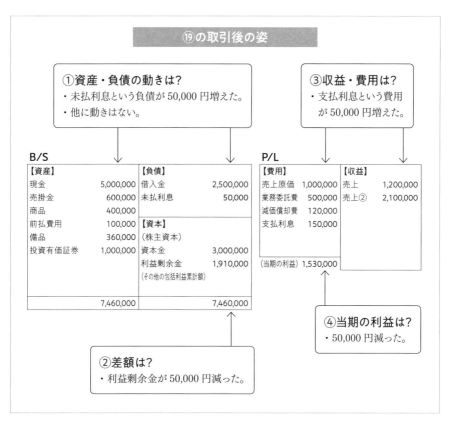

①資産・負債の動きは？
・未払利息という負債が 50,000 円増えた。
・他に動きはない。

③収益・費用は？
・支払利息という費用が 50,000 円増えた。

B/S

【資産】		【負債】	
現金	5,000,000	借入金	2,500,000
売掛金	600,000	未払利息	50,000
商品	400,000		
前払費用	100,000	【資本】	
備品	360,000	（株主資本）	
投資有価証券	1,000,000	資本金	3,000,000
		利益剰余金	1,910,000
		（その他の包括利益累計額）	
	7,460,000		7,460,000

P/L

【費用】		【収益】	
売上原価	1,000,000	売上	1,200,000
業務委託費	500,000	売上②	2,100,000
減価償却費	120,000		
支払利息	150,000		
（当期の利益）1,530,000			

④当期の利益は？
・50,000 円減った。

②差額は？
・利益剰余金が 50,000 円減った。

定型フォームにチャレンジ! ⑳

⑳の取引の概要

【 練習問題⑳ 】

以下のような取引をしたとします。定型フォームを使って説明して下さい。

×2年12月31日	売掛金の相手先である A 社が急に経営難に陥り、当社の売掛金の回収が絶望的になった。担保として預かっていた貴重品があり、それを売れば半分の 300,000 円は回収できる。

<考えるヒント>

・売掛金のような債権は、将来、約束通り回収できると判断できるから資産として計上できるのであり、今回のように回収可能性がなくなったら、その分は減額する必要がある。つまり売掛金という資産の価値が減るのである。

定型フォームを口に出して唱和してみよう。

<使用する科目名の指定>

・売掛金という資産が半分の 300,000 円だけ減ったと考えます。
・費用の名前は「貸倒引当金繰入」でいきましょう。

<定型フォームのご唱和 >

①資産・負債の動きは?（順不同）

・売掛金という資産が、300,000 円減った。
・他に動きはない。

②差額は?

・利益剰余金が 300,000 円減った。

③収益・費用は?

・貸倒引当金繰入という費用が 300,000 円増えた。

④当期の利益は?

・300,000 円減った。

必ず、次ページの図を見て、数字の動きを目で確認して下さい!　▶▶▶

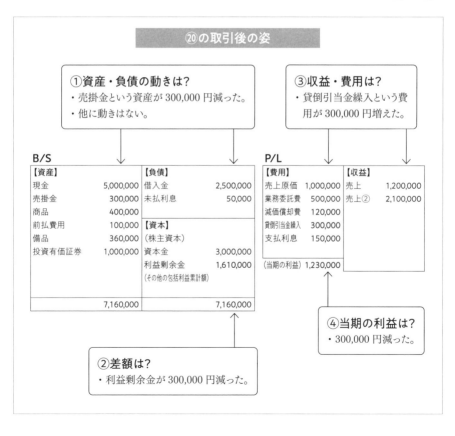

⑳の取引前の姿

B/S

【資産】		【負債】	
現金	5,000,000	借入金	2,500,000
売掛金	600,000	未払利息	50,000
商品	400,000		
前払費用	100,000	【資本】	
備品	360,000	（株主資本）	
投資有価証券	1,000,000	資本金	3,000,000
		利益剰余金	1,910,000
		（その他の包括利益累計額）	
	7,460,000		7,460,000

P/L

【費用】		【収益】	
売上原価	1,000,000	売上	1,200,000
業務委託費	500,000	売上②	2,100,000
減価償却費	120,000		
支払利息	150,000		
（当期の利益）	1,530,000		

⑳の取引後の姿

①資産・負債の動きは？
・売掛金という資産が 300,000 円減った。
・他に動きはない。

③収益・費用は？
・貸倒引当金繰入という費用が 300,000 円増えた。

B/S

【資産】		【負債】	
現金	5,000,000	借入金	2,500,000
売掛金	300,000	未払利息	50,000
商品	400,000		
前払費用	100,000	【資本】	
備品	360,000	（株主資本）	
投資有価証券	1,000,000	資本金	3,000,000
		利益剰余金	1,610,000
		（その他の包括利益累計額）	
	7,160,000		7,160,000

P/L

【費用】		【収益】	
売上原価	1,000,000	売上	1,200,000
業務委託費	500,000	売上②	2,100,000
減価償却費	120,000		
貸倒引当金繰入	300,000		
支払利息	150,000		
（当期の利益）	1,230,000		

②差額は？
・利益剰余金が 300,000 円減った。

④当期の利益は？
・300,000 円減った。

定型フォームにチャレンジ! ㉑

㉑の取引の概要

【 練習問題㉑ 】
以下のような取引をしたとします。定型フォームを使って説明して下さい。

×2年12月31日	保険料を払ってから半年が過ぎた。「1 年間保険サービスを受ける権利」を意味する「前払費用」という資産も半分を消費したことになる。

<考えるヒント>
・半年前に、向こう 1 年分として支払った金額が 100,000 円だった。それから半年が経ったので、半分の 50,000 円は消化した。よって前払費用という資産の金額を減らす必要がある。

定型フォームを口に出して唱和してみよう。

<使用する科目名の指定>
・前払費用という資産の減少は大丈夫ですよね。
・費用の名前は「支払保険料」にします。

<定型フォームのご唱和 >

①資産・負債の動きは? (順不同)
・前払費用という資産が、50,000 円減った。
・他に動きはない。

②差額は?
・利益剰余金が 50,000 円減った。

③収益・費用は?
・支払保険料という費用が 50,000 円増えた。

④当期の利益は?
・50,000 円減った。

必ず、次ページの図を見て、数字の動きを目で確認して下さい!

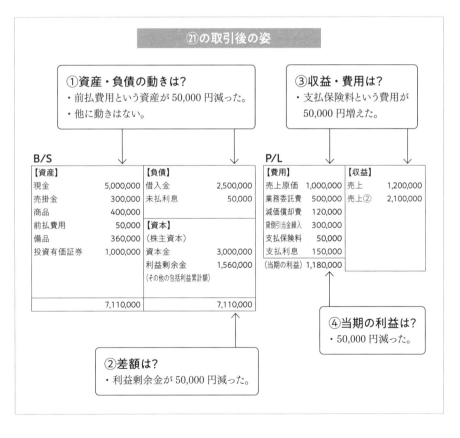

㉑の取引前の姿

B/S

【資産】		【負債】	
現金	5,000,000	借入金	2,500,000
売掛金	300,000	未払利息	50,000
商品	400,000		
前払費用	100,000	【資本】	
備品	360,000	（株主資本）	
投資有価証券	1,000,000	資本金	3,000,000
		利益剰余金	1,610,000
		（その他の包括利益累計額）	
	7,160,000		7,160,000

P/L

【費用】		【収益】	
売上原価	1,000,000	売上	1,200,000
業務委託費	500,000	売上②	2,100,000
減価償却費	120,000		
貸倒引当金繰入	300,000		
支払利息	150,000		
（当期の利益）	1,230,000		

㉑の取引後の姿

①資産・負債の動きは？
・前払費用という資産が 50,000 円減った。
・他に動きはない。

③収益・費用は？
・支払保険料という費用が 50,000 円増えた。

B/S

【資産】		【負債】	
現金	5,000,000	借入金	2,500,000
売掛金	300,000	未払利息	50,000
商品	400,000		
前払費用	50,000	【資本】	
備品	360,000	（株主資本）	
投資有価証券	1,000,000	資本金	3,000,000
		利益剰余金	1,560,000
		（その他の包括利益累計額）	
	7,110,000		7,110,000

P/L

【費用】		【収益】	
売上原価	1,000,000	売上	1,200,000
業務委託費	500,000	売上②	2,100,000
減価償却費	120,000		
貸倒引当金繰入	300,000		
支払保険料	50,000		
支払利息	150,000		
（当期の利益）	1,180,000		

④当期の利益は？
・50,000 円減った。

②差額は？
・利益剰余金が 50,000 円減った。

定型フォームにチャレンジ! ㉒

㉒の取引の概要

【 練習問題㉒ 】

以下のような取引をしたとします。定型フォームを使って説明して下さい。

×2年12月31日	決算日現在でB社株は時価が 1,200,000 円になった。時価評価する必要がある。

＜考えるヒント＞

・他社の株を持っている場合、B/S 上の資産である投資有価証券は時価評価します。
　一般の会社の場合、取得価額 1,000,000 円と時価 1,200,000 円の差額 200,000 円については、利益剰余金が増えたとはみなさずに、「その他の包括利益」が増えたと考えます。
　よって「その他の包括利益」累計額の一部である「その他有価証券評価差額金」が 200,000 円増えた、と処理します（なお、税金への影響はここでは無視します）。

定型フォームを口に出して唱和してみよう。

＜使用する科目名の指定＞

・「投資有価証券」と「その他有価証券評価差額金」でいきましょう。

＜定型フォームのご唱和 ＞

①資産・負債の動きは? （順不同）

・投資有価証券という資産が、200,000 円増えた。
・他に動きはない。

②差額は?

・その他有価証券評価差額金が、200,000 円増えた。

③収益・費用は?

・変わらない。

④当期の利益は?

・変わらない。

必ず、次ページの図を見て、数字の動きを目で確認して下さい!

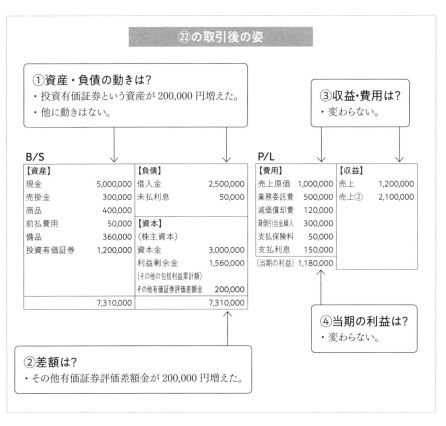

㉒の取引前の姿

B/S

【資産】		【負債】	
現金	5,000,000	借入金	2,500,000
売掛金	300,000	未払利息	50,000
商品	400,000		
前払費用	50,000	【資本】	
備品	360,000	（株主資本）	
投資有価証券	1,000,000	資本金	3,000,000
		利益剰余金	1,560,000
		（その他の包括利益累計額）	
	7,110,000		7,110,000

P/L

【費用】		【収益】	
売上原価	1,000,000	売上	1,200,000
業務委託費	500,000	売上②	2,100,000
減価償却費	120,000		
貸倒引当金繰入	300,000		
支払保険料	50,000		
支払利息	150,000		
（当期の利益）	1,180,000		

㉒の取引後の姿

①資産・負債の動きは？
・投資有価証券という資産が 200,000 円増えた。
・他に動きはない。

③収益・費用は？
・変わらない。

B/S

【資産】		【負債】	
現金	5,000,000	借入金	2,500,000
売掛金	300,000	未払利息	50,000
商品	400,000		
前払費用	50,000	【資本】	
備品	360,000	（株主資本）	
投資有価証券	1,200,000	資本金	3,000,000
		利益剰余金	1,560,000
		（その他の包括利益累計額）	
		その他有価証券評価差額金	200,000
	7,310,000		7,310,000

P/L

【費用】		【収益】	
売上原価	1,000,000	売上	1,200,000
業務委託費	500,000	売上②	2,100,000
減価償却費	120,000		
貸倒引当金繰入	300,000		
支払保険料	50,000		
支払利息	150,000		
（当期の利益）	1,180,000		

④当期の利益は？
・変わらない。

②差額は？
・その他有価証券評価差額金が 200,000 円増えた。

定型フォームにチャレンジ! ㉓

㉓の取引の概要

【練習問題㉓】

決算日を迎えました。 次の日は翌期に入ります。

×2年12月31日	グレイ・コンサルティング社は第 2 回決算を迎えた。翌日からは翌期になる。

＜考えるヒント＞

- 以下は⑥と同じである。収益・費用というのは、当期 1 年分の利益剰余金の増減明細記録である。だから翌期を迎える時はすべての収益・費用はゼロから再スタートする。
- 資産・負債・資本は当然ながら、期末の残高を翌期首に引き継ぐ。
  （例：現金という資産が年度をまたぐと同時に消えたりはしない）
- 次ページの図を見て確認しよう!

定型フォームを口に出して唱和してみよう。

＜使用する科目名の指定＞

- 該当なし

＜定型フォームのご唱和＞

①資産・負債の動きは?（順不同）

- 該当なし

②差額は?

- 該当なし

③収益・費用は?

- 取引ではないので該当はないが、収益費用は翌期首にはゼロになっている点を図で確認して下さい。

④当期の利益は?

- 該当なし

必ず、次ページの図を見て、数字の動きを目で確認して下さい!　▶▶▶

㉓当期末の姿

B/S

【資産】		【負債】	
現金	5,000,000	借入金	2,500,000
売掛金	300,000	未払利息	50,000
商品	400,000		
前払費用	50,000	【資本】	
備品	360,000	（株主資本）	
投資有価証券	1,200,000	資本金	3,000,000
		利益剰余金	1,560,000
		（その他の包括利益累計額）	
		その他有価証券評価差額金	200,000
	7,310,000		7,310,000

P/L

【費用】		【収益】	
売上原価	1,000,000	売上	1,200,000
業務委託費	500,000	売上②	2,100,000
減価償却費	120,000		
貸倒引当金繰入	300,000		
支払保険料	50,000		
支払利息	150,000		
（当期の利益）	1,180,000		

㉓翌期首の姿

B/S

【資産】		【負債】	
現金	5,000,000	借入金	2,500,000
売掛金	300,000	未払利息	50,000
商品	400,000		
前払費用	50,000	【資本】	
備品	360,000	（株主資本）	
投資有価証券	1,200,000	資本金	3,000,000
		利益剰余金	1,560,000
		（その他の包括利益累計額）	
		その他有価証券評価差額金	200,000
	7,310,000		7,310,000

P/L

【費用】	【収益】

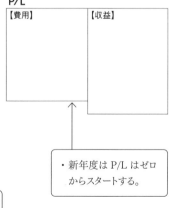

・新年度は P/L はゼロからスタートする。

・新年度は B/S は前期末の残高を引き継ぐ。

4 自分でB/S、P/Lを作る経験は必要か？

定型フォームにチャレンジ、お疲れさまでした。いかがでしたか？
何度も復習されることを（強く）お勧めします。

さあ、これから、「実際にB/S、P/Lを作る」という体験をして頂きましょう。

「経理以外の人は、数字を作る能力はいらない。数字を見ることができればそれで良い」という意見もあります。その考え方は最終ゴールとしては合っていると思います。しかしそこに至るプロセスを同じ発想で語ると危ないと思っています。

ただの一度でも、本当に簡単な練習問題でも、自分で手を動かしてB/S、P/Lを作った経験がある人と、一度も無い人とは、理解レベルと本人の自信が全く違うのが現実です。

「一度教わったことは全部分かってるはずだよね」といったようなデジタルな単純思考でうまくいくんだったら、苦労はありませんよね。「分かってたつもりが分かってなかった！」を何度も繰り返して、徐々に身に染みていくというのが、私自身を含む多くの人にとっての現実と思っています。「作ることもやってみた」が後になって効いてきます。というより、こんな議論をしている暇があったらやった方が早いです。

5 全体の流れ

先に、仕訳からB/S、P/Lができるまでの大きな流れを押さえましょう。
では、最初から話を始めます。

　会社として、日々の取引を行いますが、これを帳簿に記録して、最終的には、B/S と P/L を作成するわけです。

　帳簿に記入することを「簿記」といいます。

　ここで、帳簿というのは、元々は、ものを書くために紙を綴じて作った冊子という意味です。ここでは会計のための帳簿なので、これを会計帳簿といいます。

　現代では、ほとんどの会社が会計帳簿として、ソフトウェアを利用しています。本来的には紙だろうと電子データだろうと意味は同じです。

　日々の取引の記録を「仕訳」といいます。

　この仕訳というやつを帳簿に記録していくわけです。「仕訳する」という言い方をします。
　さて、仕訳というのは、以下のフォームで書いていきます。

左側）　科目×××　　金額×××　/　右側）　科目×××　　金額×××

　ご覧のように、
　　　　左側に、科目、金額　　　/　　　右側に、科目、金額

　という形です。仕訳を書く時は、よく左右の間に「/」（スラッシュ）を入れたりします。

　なお、会計の世界において、仕訳を行う際も、B/S、P/L について語る際も、向かって左側を借方と呼び、右側を貸方と呼びます。

　この借方と貸方というのは、単に左側、右側という意味で、それ以外の意味は一切ありませんので、注意して下さい。「これは慣習だ」、それで説明は終了です。借りたり貸したりとか、一切関係ありません。このことで悩まないで下さい※。

　さて、思い出して欲しいですが、B/Sというのは、左が資産、右が負債・資本でしたよね。

　会計の世界では、物事を左右に分けて示すというのが、重要なアイデアと言いました。P/Lの話はあとでしますが、これも本来的には、左右に分かれて出来ています。

　このB/SやP/Lを作ってゆくための記録ですから、仕訳も左と右に分けて記録してゆくのです。

　では、仕訳をして、最終的にB/S、P/Lができるまでの流れは、こうなります。

①取引を仕訳します。
②仕訳の結果を科目ごとに集計します。これを転記といいます。
③転記の結果に基づいて、B/S、P/Lを作成します。

　取引⇒仕訳⇒転記⇒B/S、P/L作成

という流れです。

　このうち、仕訳以外は、いわば「簡単な軽作業」です。

　仕訳は少しクセがありまして、ここを技術的に押さえれば、もうB/S、P/L作成は終わったも同然です。

　それでは仕訳の解説をしましょう。

6 仕訳の4つの約束

　本書では、前著よりもさらにパワーアップしたアプローチで説明したいと思います。

　仕訳の方法は、申し上げたようにクセがあるというか、トリッキーな部分があります。このことを集約すると、「仕訳には4つの約束がある」と考えると分かりやすいです。まだ読んだだけでは分からないと思いますが、ちゃんと説明しますのでご安心下さい。

仕訳の4つの約束
1．左のモノは左に書く。右のモノは右に書く（原則)。
2．減ったら左右逆に書く。
3．利益剰余金の増減は書かずに、「収益」「費用」を書く。
4．決算処理として、「収益」「費用」をゼロにして、利益剰余金を記入する。

　この4つの約束を理解して実践すれば、「仕訳を習ってマスターする」ではなく、「習わなくても、いつでも仕訳は自分で作れる」になります。

　それでは始めましょう。

（1）「左のモノは左に書く、右のモノは右に書く（原則)」

　まず「左のモノ」「右のモノ」の意味を言います。

　それは、「資産」「負債」「資本」「収益」「費用」が右と左のどちらであるか、の意味です（以下の図で、資本は内訳を書いています）。

貸借対照表

	負債
資産	資本金
	利益剰余金 （当期分） （過年度分）

　これの結論ははっきりしていて、図をご覧の通り、以下が答えです。
　　資産は左　（B/Sの左側です）
　　負債は右　（B/Sの右側です）
　　資本は右　（B/Sの右側です）
　　収益は右
　　費用は左

　何故そうなるのでしょうか？

「資産」
　資産はB/Sの左に書く。これは最初の決め事です。時代や国で違いもあったりしたようですが、いまはほぼ世界中で資産は左です。これは「キメ」ですね。

　実はスタートを決めると、残り4つは自動的に決まります。

「負債」

　資産を左に書くと自動的に負債は右になります。もともと資産と負債を対照させて両者の差額を示すのがB/Sですから、資産の反対の右になります。

「資本」

　資産と負債の差額ですが、通常は正の値をとりますので、資産＝負債＋差額となります。

　よって差額＝資本は負債と同じ側の右になります。実際には仮に資本が負の値であっても右側にマイナス表記されます。

「収益」「費用」

　これは前述したように利益剰余金の増減明細（当期分）ですね。利益剰余金の増加の明細が収益、減少の明細が費用です。

　通常、利益は正の値を取りますね（そうでなければ商売は続けられませんよね）。

　いま、収益100、費用60、利益剰余金の当期の増加40とすると、

　収益100－費用60＝利益剰余金の当期の純増加40（右）となります。

　ここで収益を右、費用を左としてみましょう。

　収益100（右）－費用60（左）＝利益剰余金純増加40（右）となります。利益剰余金は右ですからつじつまが合いましたね。

　以上、もともとの右、左の説明でした。

損益計算書

費用

収益

当期の利益※

※この図では「当期の利益」というのが左にあるように見えますが、そうではありません。「当期の利益」というのはP/Lの上に追加で書かれた読者向けのサービス書きのようなものに過ぎません。これは一般的なP/Lの図ですが、ミスリーディングですね（ここで「当期の利益」に枠をつけてないのはただのサービス書きだからです）。間違っても「利益が左」などと思わないで下さい。収益と費用を相殺すれば「右側に」残高が残りますね。それが当期の利益（右）であり、利益剰余金の当期中の増加（右）を意味します。

では仕訳の話に戻りましょう。

仕訳の約束１の、「左のモノは左に書く。右のモノは右に書く（原則）」というのは、

もともと左のモノ（資産、費用）は仕訳では左に書け！
もともと右のモノ（負債、資本、収益）は仕訳では右に書け！
それが原則だ！

と言っているわけです。

○この約束１だけで成り立つ仕訳の例を挙げましょう。

銀行から5,000,000円お金を借りた。という取引を挙げます。

・現金という資産が5,000,000円増えた。もともと資産は左。だから仕訳の左に書く。

現金　5,000,000円　/　××　　？？？？？　円

まずはこうなりますね。

・借入金という負債が5,000,000円増えた。もともと負債は右。だから仕
　訳の右に書く。

現金　5,000,000円　／　借入金　5,000,000円

となります。以上で仕訳の完成です。

（2）「減ったら左右逆に書く」

仕訳を書くときに、数字が減るケースがあります。

借入金2,500,000円を現金で返済した、というようなケースです。

・現金という資産が2,500,000円減った。
・借入金という負債が2,500,000円減った。

減ったという場合は、マイナスで金額を書けばよいのでしょうか？

現金　－2,500,000円　／　借入金　－2,500,000円

実はこれも大正解です。それで正しいB/S、P/Lはできます。

じゃ、いいか。と言いたいところですが、一応ちゃんと説明しましょう。

　実は後付けの解釈ですが、減ったら左右逆に書くというのはメリットがあ
るんです。

　昔は電卓もPCもなかったですから、膨大な足し算をして数字の集計をす

る時に、「時々マイナスが混じってる」というのはかなりストレスフルですよね。実は後で「転記」のところでお見せしますが、「減ったら左右逆に書く」ということをやると、あら不思議！　数字を集計する際に、帳簿の中から全部マイナス数値がなくなって、単純に正の値の合計をすればよい形になります。古い時代には大きなメリットだったと思われます。頭の良い人がいるもんですね。では減ったら左右逆に書いてみましょう。

　　借入金　2,500,000円　／　現金　2,500,000円

　これだと正しいB/S、P/Lが作れるのはもちろん、正の数値だけの集計が可能になります。

（3）「利益剰余金の増減は書かずに、『収益』『費用』を書く」

　これは極めつけで、鮮やかなトリックです。

　例を使って説明しましょう。
　定型フォームの流れを示します。
　ここで、それぞれの項目で、仕訳のどちらに書くか、（右）（左）を付記してみます。

　業務委託費300,000円を現金で支払った、というケースです。

　定型フォーム、行きましょう。

資産負債の動きは？
　　・現金という資産が300,000円減った（右）。
　　　（もともと左だった資産の減少）
　　・他に動きはない。　　　　　　　　（該当なし）
差額は？

・利益剰余金が300,000円減った。　（左）
　（もともと右だった利益剰余金の減少）
収益費用は？
・業務委託費という費用が300,000円増えた。（左）
　（費用は利益剰余金の減少で左）
当期の利益は？
・300,000円減った。　（ここは関係なし）

以上をそのまま反映すると、仕訳は以下のようになります。

| 利益剰余金　300,000円 | / | 現金　300,000円 |
| 業務委託費　300,000円 | | |

　そうすると、仕訳の左がダブってますね。当然です。利益剰余金の減少の明細が費用であり、利益剰余金が動くと費用も動く。2つの動きは常にダブります。利益剰余金の増加と収益の増加も同様にダブります。

　ダブっても良いか、という感じもしますが、仕訳の右と左で合計が一致しませんね。気持ち悪い感じもします。でもやはりここでも頭の良い人がいたんですね。左側の利益剰余金300,000円というのは、いちいち書かなくてもいいんじゃないか、ということに気づいたんです。業務委託費という費用が300,000円増えてるということは、利益剰余金が同額減ってるというのは後からでも分かる。この利益剰余金の300,000円をいちいち書かないようにすれば、常に仕訳の右と左の合計が一致する（貸借平均の原理といいます）。そうするとPCのない時代でも、誰かがミスをすれば左右が合わなくなってミスの発見がすぐできる。

| 業務委託費　300,000円 | / | 現金　300,000円 |

　という感じだったんでしょうかね。これが、3．「利益剰余金の増減は書

かずに、『収益』『費用』を書く」という約束の意味です。なお、左右釣り合うということは、すべての取引は左と右の2つの側面から同時に記録することになりました。これを「複式簿記」といいます。

（4）「決算処理として、『収益』『費用』をゼロにして、利益剰余金を記入する」

決算処理というのは、期末に収益費用をゼロに戻す処理です。新年度を迎えた時には、収益と費用はゼロからのスタートです。

一方、前述の仕訳の約束3により、利益剰余金というのは、仕訳に書いてもらえないので、ほったらかしですよね。でも永遠に放置はできません。

よって収益・費用をゼロにリセットすると同時に、利益剰余金の数字を正しく修正します。

例えば、売上という収益が期末時点で1,000,000円だったとします。決算処理ではこれを取り消します。
売上という収益はもともと右ですから、取り消すには仕訳の左に書きます。

売上　1,000,000円　/　××　？？？　円

一方、利益剰余金は放置されていたので、いよいよ正しく記入します。
収益は利益剰余金の増加明細なので、利益剰余金はもともと1,000,000円増えたのでした。利益剰余金の増加は仕訳の右ですよね。

売上　1,000,000円　/　利益剰余金　1,000,000円

となりました。これが売上という収益に関する決算処理の仕訳です。

　逆に費用についても同じ理屈です。

　業務委託費という費用が期末時点で300,000円あったとします。
　決算処理として、費用の取り消し（右）、利益剰余金の減少（左）を記入します。

　利益剰余金　300,000円　/　業務委託費　300,000円

となります。以上が仕訳の約束4の解説でした。

　ここまでのポイントを定型フォームにからめて、次のように整理します。

　〇定型フォームがあれば、仕訳は簡単に作れる。

　次ページの＜仕訳練習の例＞を見て下さい。以下のステップで進めます。

　ステップ1　定型フォームを見る（頭に描く）。
　ステップ2　仕訳の右か左のどちらか、「←　→」を書いていく。
　　　　　　　「①資産・負債の動き」と「③収益・費用」の箇所に矢印を書く。
　　　　　　　何故①③の2つで良いかというと、以下の理由です。
　　　　　　　・②は利益剰余金の増減のケースについては、仕訳に書かない（約束3）ので、矢印は不要です。

　　　　　　　・それ以外の②は資本金とその他の包括利益累計額の増減の時であり、これらの情報は仕訳に使います。しかしこれらのケースは極端に少ないのでいまこの2つを個別に覚えておき、「普段は②は見ないで良い」と割り切りましょう、という意味で①と③だけ見れば良いと言いました。
　　　　　　　・④はそもそも一切、仕訳には使いません。

ステップ3　仕訳の形で書き出す。

<仕訳練習の例>

①	×1年1月1日	ジョージ・グレイ氏は、自分の個人のお金である現金3,000,000 円を出資して、グレイ・コンサルティング社を設立した。

ステップ1　定型フォームを振り返る		ステップ2 矢印を書く（仕訳の右か左か）
①資産・負債の動きは?	現金という資産が、3,000,000 円増えた。	←
	他に動きはない。	
②差額は?	資本金が、3,000,000 円増えた。	→　　※1
③収益・費用は?	変わらない。	
④当期の利益は?	変わらない。	※2

ステップ3　仕訳を書く	現金 3,000,000 / 資本金 3,000,000

※1　②差額の情報は、仕訳では資本金や評価差額金など例外的なケースしか使わない。利益剰余金の増減は仕訳の約束3により仕訳に書かない。

※2　④当期の利益は仕訳に関しては、全く見る必要はない。要は①と③の左右を決めれば、ほぼOK（例外は資本金と、評価差額金などの「その他の包括利益累計額」の増減取引のみ）！

さて、やってみましょう。

7　仕訳の練習問題にチャレンジしよう！

定型フォームの情報を元に、仕訳を作ろう！　　（単位：円）

①	×1年1月1日	ジョージ・グレイ氏は、自分の個人のお金である現金3,000,000円を出資して、グレイ・コンサルティング社を設立した。

ステップ1　定型フォームを振り返る		ステップ2 矢印を書く（仕訳の右か左か）
①資産・負債の動きは？	現金という資産が、3,000,000円増えた。	←
	他に動きはない。	
②差額は？	資本金が、3,000,000円増えた。	→　　※1
③収益・費用は？	変わらない。	
④当期の利益は？	変わらない。	※2

ステップ3　仕訳を書く	現金　3,000,000 / 資本金　3,000,000

②	×1年1月1日	会社を設立し、早速仕事をする上で、デスク周りの家具が必要となったので、家具屋さんに行って、現金で600,000円の一体型オフィスセットを購入した。

ステップ1　定型フォームを振り返る		ステップ2 矢印を書く（仕訳の右か左か）
①資産・負債の動きは？	現金という資産が、600,000円減った。	→
	備品という資産が、600,000円増えた。	←
②差額は？	変わらない。	
③収益・費用は？	変わらない。	
④当期の利益は？	変わらない。	

ステップ3　仕訳を書く	備品　600,000 / 現金　600,000

※1　②差額の情報は、仕訳では資本金や評価差額金など例外的なケースしか使わない。利益剰余金の増減は仕訳の約束③により仕訳に書かない。

※2　④当期の利益は仕訳に関しては、全く見る必要はない。要は①と③の左右を決めれば、ほぼOK！

③	×1年4月30日	ジョージ・グレイ氏は、お客様から依頼を受けて。コンサルティング業務を行い、報酬として現金 800,000 円を受け取った。

ステップ1　定型フォームを振り返る		ステップ2 矢印を書く（仕訳の右か左か）
①資産・負債の動きは?	現金という資産が、800,000 円増えた。	←
	他に動きはない。	
②差額は?	利益剰余金が 800,000 円増えた。	
③収益・費用は?	売上という収益が 800,000 円増えた。	→
④当期の利益は?	800,000 円増えた。	

ステップ3　仕訳を書く	現金 800,000 / 売上 800,000

④	×1年7月31日	知り合いの会社にある仕事を依頼し、業務委託費として現金 300,000 円を支払った。

ステップ1　定型フォームを振り返る		ステップ2 矢印を書く（仕訳の右か左か）
①資産・負債の動きは?	現金という資産が、300,000 円減った。	→
	他に動きはない。	
②差額は?	利益剰余金が 300,000 円減った。	
③収益・費用は?	業務委託費という費用が 300,000 円増えた。	←
④当期の利益は?	300,000 円減った。	

ステップ3　仕訳を書く	業務委託費 300,000 / 現金 300,000

⑤	×1年12月31日	1月1日に購入したオフィスセット（備品）について、1年間使ったので、備品という資産の価値は減ったといえる。このことを B/S、P/L に反映させる。

ステップ1　定型フォームを振り返る		ステップ2 矢印を書く（仕訳の右か左か）
①資産・負債の動きは？	備品という資産が、120,000 円減った。	→
	他に動きはない。	
②差額は？	利益剰余金が 120,000 円減った。	
③収益・費用は？	減価償却費という費用が 120,000 円増えた。	←
④当期の利益は？	120,000 円減った。	

ステップ3　仕訳を書く	減価償却費 120,000 / 備品 120,000

⑥	×1年12月31日	第1期の決算処理の仕訳を書こう。 　ちなみに収益と費用の金額は以下の通りであった。 　　＜収益＞　　売上　　　　800,000 　　＜費用＞　　業務委託費　300,000 　　　　　　　　減価償却費　120,000

ステップ1　定型フォームを振り返る		ステップ2 矢印を書く（仕訳の右か左か）
①資産・負債の動きは？	ここは該当なし。 すべての収益費用をゼロに戻して、 これまで記入してこなかった 利益剰余金の記入を行う！	
②差額は？		
③収益・費用は？		
④当期の利益は？		

ステップ3　仕訳を書く	売上 800,000 / 利益剰余金 800,000 利益剰余金 300,000 / 業務委託費 300,000 利益剰余金 120,000 / 減価償却費 120,000

⑦	×2年1月1日	銀行から 5,000,000 円、お金を借りた。利息の支払いは 6 カ月ごとに後払い。利率は年4％である。

ステップ1　定型フォームを振り返る		ステップ2 矢印を書く（仕訳の右か左か）
①資産・負債の動きは？	現金という資産が、5,000,000 円増えた。	←
	借入金という負債が 5,000,000 円増えた。	→
②差額は？	変わらない。	
③収益・費用は？	変わらない。	
④当期の利益は？	変わらない。	

ステップ3　仕訳を書く	現金 5,000,000 / 借入金 5,000,000

⑧	×2年2月10日	ジョージ・グレイ氏は、お客様から依頼を受けて、コンサルティング業務を行い、報酬として現金 1,200,000 円を受け取った。

ステップ1　定型フォームを振り返る		ステップ2 矢印を書く（仕訳の右か左か）
①資産・負債の動きは？	現金という資産が、1,200,000 円増えた。	←
	他に動きはない。	
②差額は？	利益剰余金が 1,200,000 円増えた。	
③収益・費用は？	売上という収益が 1,200,000 円増えた。	→
④当期の利益は？	1,200,000 円増えた。	

ステップ3　仕訳を書く	現金 1,200,000 / 売上 1,200,000

⑨	×2年3月6日	知り合いの会社にある仕事を再び依頼し、業務委託費として現金 500,000 円を支払った。

ステップ1　定型フォームを振り返る		ステップ2 矢印を書く（仕訳の右か左か）
①資産・負債の動きは？	現金という資産が、500,000 円減った。	→
	他に動きはない。	
②差額は？	利益剰余金が 500,000 円減った。	
③収益・費用は？	業務委託費という費用が 500,000 円増えた。	←
④当期の利益は？	500,000 円減った。	

ステップ3　仕訳を書く	業務委託費 500,000 / 現金 500,000

⑩	×2年4月1日	コンサルティング業とは別にある専門性の高い商品の販売を始めることとした。 そのために商品を 1,400,000 円仕入れ、現金で支払った。

ステップ1　定型フォームを振り返る		ステップ2 矢印を書く（仕訳の右か左か）
①資産・負債の動きは？	現金という資産が、1,400,000 円減った。	→
	商品という資産が、1,400,000 円増えた。	←
②差額は？	変わらない。	
③収益・費用は？	変わらない。	
④当期の利益は？	変わらない。	

ステップ3　仕訳を書く	商品 1,400,000 / 現金 1,400,000

⑪ ①	×2年4月20日	商品の一部（500,000円分）が売れた。販売金額は 1,000,000円であった。

ステップ1　定型フォームを振り返る		ステップ2 矢印を書く（仕訳の右か左か）
①資産・負債の動きは?	商品という資産が500,000円減った。	→
	現金という資産が、1,000,000円増えた。	←
②差額は?	利益剰余金が500,000円増えた。	
③収益・費用は?	商品販売益という収益が500,000円増えた	→
④当期の利益は?	500,000円増えた。	

ステップ3　仕訳を書く	現金 1,000,000　／　商品 500,000 商品販売益 500,000

⑪ ②	×2年4月20日	11①の別解です。 商品の一部（500,000円分）が売れた。販売金額は 1,000,000円であった（グロスアップで処理するとする）。なお、「売上」は便宜上「売上②」とする。

ステップ1　定型フォームを振り返る		ステップ2 矢印を書く（仕訳の右か左か）
①資産・負債の動きは?	商品という資産が500,000円減った。	→
	現金という資産が、1,000,000円増えた。	←
②差額は?	利益剰余金が500,000円増えた。	
③収益・費用は?	売上②という収益が1,000,000円増えた	→
	売上原価という費用が500,000円増えた。	←
④当期の利益は?	500,000円増えた。	

ステップ3　仕訳を書く	現金 1,000,000　／　売上② 1,000,000 売上原価 500,000　／　商品 500,000

⑫	×2年4月30日	商品 500,000 円分が 1,100,000 円で売れた。掛売りであり、代金は 5 月 31 日に 500,000 円を、12 月 30 日に残額を入金予定である。

ステップ1　定型フォームを振り返る		ステップ2 矢印を書く（仕訳の右か左か）
①資産・負債の動きは？	商品という資産が 500,000 円減った。	→
	売掛金という資産が 1,100,000 円増えた。	←
②差額は？	利益剰余金が 600,000 円増えた。	
③収益・費用は？	売上②という収益が 1,100,000 円増えた。	→
	売上原価という費用が 500,000 円増えた。	←
④当期の利益は？	600,000 円増えた。	

ステップ3　仕訳を書く	売掛金 1,100,000 ／ 売上② 1,100,000 売上原価　500,000 ／ 商品　　500,000

⑬	×2年5月31日	売掛金のうち 500,000 円を約束通り 5 月 31 日に回収した。

ステップ1　定型フォームを振り返る		ステップ2 矢印を書く（仕訳の右か左か）
①資産・負債の動きは？	現金という資産が、500,000 円増えた。	←
	売掛金という資産が 500,000 円減った。	→
②差額は？	変わらない。	
③収益・費用は？	変わらない。	
④当期の利益は？	変わらない。	

ステップ3　仕訳を書く	現金 500,000 ／ 売掛金 500,000

⑭	×2年6月30日	火災保険料 100,000 円を現金で支払った。保険期間は×2 年 7 月 1 日から× 3 年 6 月 30 日の 1 年間である。

ステップ1　定型フォームを振り返る		ステップ2 矢印を書く（仕訳の右か左か）
①資産・負債の動きは?	現金という資産が、100,000 円減った。	→
	前払費用という資産が 100,000 円増えた。	←
②差額は?	変わらない。	
③収益・費用は?	変わらない。	
④当期の利益は?	変わらない。	

ステップ3　仕訳を書く	前払費用 100,000 / 現金 100,000

⑮	×2年6月30日	銀行から借りている借入金 5,000,000 円について、約束の利払日になったので、利息を支払う。 利息の金額は、以下のように計算できる。 5,000,000 円× 4%× 1/2（半年） = 100,000 円。

ステップ1　定型フォームを振り返る		ステップ2 矢印を書く（仕訳の右か左か）
①資産・負債の動きは?	現金という資産が、100,000 円減った。	→
	他に動きはない。	
②差額は?	利益剰余金が 100,000 円減った。	
③収益・費用は?	支払利息という費用が 100,000 円増えた。	←
④当期の利益は?	100,000 円減った。	

ステップ3　仕訳を書く	支払利息 100,000 / 現金 100,000

⑯	×2年6月30日	銀行からの借入金の半分 2,500,000 円を返済することとした。利息は払ったばかりなので特に精算は不要。

ステップ1　定型フォームを振り返る		ステップ2 矢印を書く（仕訳の右か左か）
①資産・負債の動きは?	現金という資産が、2,500,000 円減った。	→
	借入金という負債が、2,500,000 円減った。	←
②差額は?	変わらない。	
③収益・費用は?	変わらない。	
④当期の利益は?	変わらない。	

ステップ3　仕訳を書く	借入金 2,500,000 / 現金 2,500,000

⑰	×2年7月20日	少し株式投資をしようという話になった。将来有望な B 社の上場株を現金 1,000,000 円で買った。

ステップ1　定型フォームを振り返る		ステップ2 矢印を書く（仕訳の右か左か）
①資産・負債の動きは?	現金という資産が、1,000,000 円減った。	→
	投資有価証券という資産が 1,000,000 円増えた。	←
②差額は?	変わらない。	
③収益・費用は?	変わらない。	
④当期の利益は?	変わらない。	

ステップ3　仕訳を書く	投資有価証券 1,000,000 / 現金 1,000,000

⑱	×2年12月31日	前期末と同様に、備品の減価償却をします。

ステップ1　定型フォームを振り返る		ステップ2 矢印を書く（仕訳の右か左か）
①資産・負債の動きは?	備品という資産が 120,000 円減った。	→
	他に動きはない。	
②差額は?	利益剰余金が 120,000 円減った。	
③収益・費用は?	減価償却費という費用が 120,000 円増えた。	←
④当期の利益は?	120,000 円減った。	

ステップ3　仕訳を書く	減価償却費 120,000 / 備品 120,000

⑲	×2年12月31日	借入金の残額 2,500,000 円に対して、ちょうど年末に半年ごとの利払いのタイミングが訪れた。しかし年末は休日なので、実際の支払いは年明けの予定である。 2,500,000 円× 4%× 1/2（半年）＝ 50,000 円。

ステップ1　定型フォームを振り返る		ステップ2 矢印を書く（仕訳の右か左か）
①資産・負債の動きは?	未払利息という負債が、50,000 円増えた。	→
	他に動きはない。	
②差額は?	利益剰余金が 50,000 円減った。	
③収益・費用は?	支払利息という費用が 50,000 円増えた。	←
④当期の利益は?	50,000 円減った。	

ステップ3　仕訳を書く	支払利息 50,000 / 未払利息 50,000

⑳	×2年12月31日	売掛金の相手先であるA社が急に経営難に陥り、当社の売掛金の回収が絶望的になった。担保として預かっていた貴重品があり、それを売れば半分の300,000円は回収できる。

ステップ1　定型フォームを振り返る		ステップ2 矢印を書く（仕訳の右か左か）
①資産・負債の動きは？	売掛金という資産が300,000円減った。	→
	他に動きはない。	
②差額は？	利益剰余金が300,000円減った。	
③収益・費用は？	貸倒引当金繰入という費用が300,000円増えた。	←
④当期の利益は？	300,000円減った。	

ステップ3　仕訳を書く	貸倒引当金繰入 300,000 / 売掛金 300,000

㉑	×2年12月31日	保険料を払ってから半年が過ぎた。「1年間保険サービスを受ける権利」を意味する「前払費用」という資産も半分を消費したことになる。

ステップ1　定型フォームを振り返る		ステップ2 矢印を書く（仕訳の右か左か）
①資産・負債の動きは？	前払費用という資産が50,000円減った。	→
	他に動きはない。	
②差額は？	利益剰余金が50,000円減った。	
③収益・費用は？	支払保険料という費用が50,000円増えた。	←
④当期の利益は？	50,000円減った。	

ステップ3　仕訳を書く	支払保険料 50,000 / 前払費用 50,000

㉒	×2年12月31日	決算日現在でB社株は時価が 1,200,000 円になった。時価評価する必要がある。

ステップ1　定型フォームを振り返る		ステップ2 矢印を書く（仕訳の右か左か）
①資産・負債の動きは?	投資有価証券という資産が、200,000 円増えた。	←
	他に動きはない。	
②差額は?	その他有価証券評価差額金が、200,000 円増えた。	→
③収益・費用は?	変わらない。	
④当期の利益は?	変わらない。	

ステップ3　仕訳を書く	投資有価証券 200,000 / その他有価証券評価差額金 200,000

㉓	×2年12月31日	第2期の決算処理の仕訳を書こう。 ちなみに収益と費用の金額は以下の通りであった。 <収益> 　　売上　　　　　1,200,000 　　売上②　　　　2,100,000 <費用> 　　売上原価　　　1,000,000 　　業務委託費　　　500,000 　　減価償却費　　　120,000 　　貸倒引当金繰入　300,000 　　支払保険料　　　 50,000 　　支払利息　　　　150,000

	ステップ1　定型フォームを振り返る		ステップ2 矢印を書く（仕訳の右か左か）
①資産・負債の動きは？			
②差額は？	ここは該当なし。 すべての収益費用をゼロにして、 利益剰余金の記入を行う！		
③収益・費用は？			
④当期の利益は？			

ステップ3　仕訳を書く	売上　　1,200,000　/　　　利益剰余金　1,200,000 売上②　2,100,000　/　　　利益剰余金　2,100,000 利益剰余金　1,000,000　/　　　　売上原価　1,000,000 利益剰余金　500,000　/　　　業務委託費　500,000 利益剰余金　120,000　/　　　減価償却費　120,000 利益剰余金　300,000　/　貸倒引当金繰入　300,000 利益剰余金　50,000　/　　　支払保険料　 50,000 利益剰余金　150,000　/　　　　支払利息　150,000

お疲れさまでした。

仕訳の練習は、いかがだったでしょうか？

これで皆様はすでに、仕訳ができる人になったわけです。
もちろん何回も復習しないと、染み込んだ感じはしないと思いますが、その状態はすぐそこに迫ってます！

さて、仕訳はできたし、取引の都度のB/S、P/Lの動きは先に定型フォームでつかんでいるしで、もうすでに会計入門編は十分終了していると言っても過言ではありません。

ただ、あと1点だけ、一応サラッと知っておきたいこととして、「転記」から「B/S、P/L作成」という流れについて、「参考：転記」の解説をご覧いただき、目視で確認して下さい。それで入門編は終了です。

8 │ 参考：転記の解説

転記とは、仕訳から科目ごとに数字を書き写すことです。
以下のグレイ・コンサルティングの第1期と第2期の仕訳の数字が、それぞれの科目ごとに左右正しく書き写されていることを目視で確認して下さい。

参考：転記の解説（第1期）

	仕訳				
1	現金	3,000,000	／	資本金	3,000,000
2	備品	600,000	／	現金	600,000
3	現金	800,000	／	売上	800,000
4	業務委託費	300,000	／	現金	300,000
5	減価償却費	120,000	／	備品	120,000

	決算処理の仕訳 （収益・費用をゼロにし、利益剰余金を記入する）				
	売上	800,000	／	利益剰余金	800,000
6	利益剰余金	300,000	／	業務委託費	300,000
	利益剰余金	120,000	／	減価償却費	120,000

仕訳の数字を科目ごとに集計する。これを「転記」といいます。仕訳の数字を左右正しく書き写すだけです。
なお、以下のＴ字の形の各々の帳簿を「勘定元帳」（別名Ｔ字勘定）といいます。
また、いろんな科目の勘定元帳を総称して「総勘定元帳」といいます。
各仕訳の数字が各勘定元帳に正しく転記されていることを目視確認して下さい。
なお、各勘定元帳の残高という言葉ですが、最終的に残った金額という意味です。
例えば、左合計が500円で右合計が300円だったら「残高は左に200円」と呼んでいます。

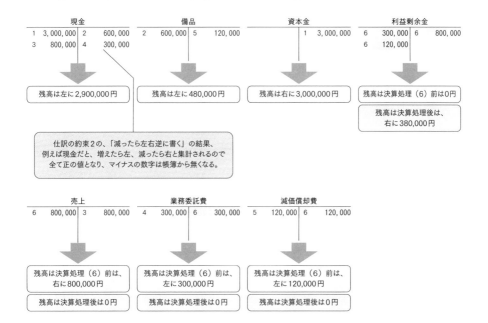

参考：転記の解説（第2期）

		仕訳			
7	現金	5,000,000	/	借入金	5,000,000
8	現金	1,200,000	/	売上	1,200,000
9	業務委託費	500,000	/	現金	500,000
10	商品	1,400,000	/	現金	1,400,000
11−1		11−1の仕訳は11−2の仕訳（グロスアップ）との どちらかの選択となるので、ここでは11−2を選択した。 以下11−2を単に「11」を呼ぶ。			
11	現金	1,000,000	/	売上②	1,000,000
	売上原価	500,000		商品	500,000
12	売掛金	1,100,000	/	売上②	1,100,000
	売上原価	500,000		商品	500,000
13	現金	500,000	/	売掛金	500,000
14	前払費用	100,000	/	現金	100,000
15	支払利息	100,000	/	現金	100,000
16	借入金	2,500,000	/	現金	2,500,000
17	投資有価証券	1,000,000	/	現金	1,000,000
18	減価償却費	120,000	/	備品	120,000
19	支払利息	50,000	/	未払利息	50,000
20	貸倒引当金繰入	300,000	/	売掛金	300,000
21	支払保険料	50,000	/	前払費用	50,000
22	投資有価証券	200,000	/	その他有価証券評価差額金	200,000

		決算処理の仕訳 （収益・費用をゼロにし、利益剰余金を記入する）			
23	売上	1,200,000		利益剰余金	1,200,000
	売上②	2,100,000		利益剰余金	2,100,000
	利益剰余金	1,000,000		売上原価	1,000,000
	利益剰余金	500,000		業務委託費	500,000
	利益剰余金	120,000		減価償却費	120,000
	利益剰余金	300,000		貸倒引当金繰入	300,000
	利益剰余金	50,000		支払保険料	50,000
	利益剰余金	150,000		支払利息	150,000

各期の決算日における最終残高を「期末残高」といい、各期のスタート時点の残高を「期首残高」という。

B/Sの資産、負債、資本については、前期の期末残高は引き継がれて、翌期のスタート時点の期首残高となる。

損益計算書の収益・費用は「1年分」の利益剰余金の増減明細であり、毎期ゼロからのスタートなので期首残高というものはない。

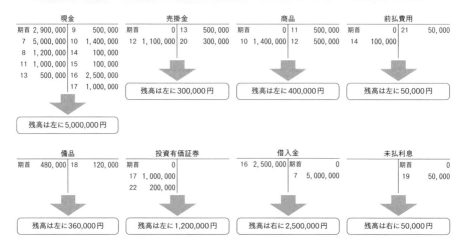

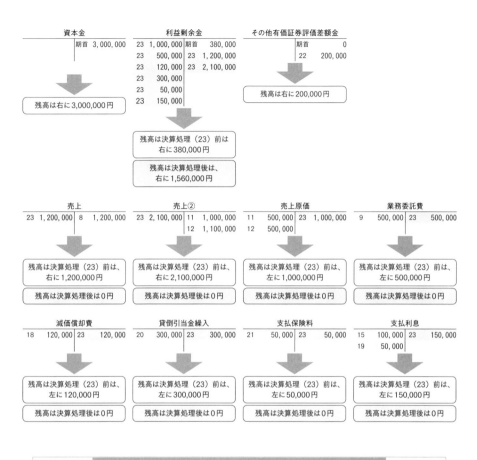

第2期の B/S と P/L の姿

B/S			
【資産】		【負債】	
現金	5,000,000	借入金	2,500,000
売掛金	300,000	未払利息	50,000
商品	400,000		
前払費用	50,000	【資本】	
備品	360,000	（株主資本）	
投資有価証券	1,200,000	資本金	3,000,000
		利益剰余金	1,560,000
		（その他の包括利益累計額）	
		その他有価証券評価差額金	200,000
	7,310,000		7,310,000

P/L			
【費用】		【収益】	
売上原価	1,000,000	売上	1,200,000
業務委託費	500,000	売上②	2,100,000
減価償却費	120,000		
貸倒引当金繰入	300,000		
支払保険料	50,000		
支払利息	150,000		
（当期の利益）	1,180,000		

コラム 2	国際会計基準の考え方と本書の説明アプローチについて

　読者の皆さんは「国際会計基準」という言葉を聞いたことがあると思います。

　まず、会計基準というのは会計のルールのことです。国際会計基準というのは、ヨーロッパを中心に発展してきた会計ルールでして、今日では世界中で採用する国や企業が増えています。実は会計の世界ではこの国際会計基準、米国基準、それから日本の会計基準を世界の3大基準といってきました。

　今日では、これら3つの基準の内容は非常に似かよったものになっています。お互いに影響を与えながらも、おおむね国際会計基準がリードしてきた印象です※。日本の会計基準もこの四半世紀で大きく変わりました。

　ここでは、第2章で本文説明した「資産」「負債」「資本」「収益」「費用」の定義について、国際会計基準を紹介し、本書の記述と照らし合わせていきます。

　国際会計基準に「概念フレームワーク」という文書があります。国際会計基準としての個々のルールを作る際に依って立つべき、おおもとの考え方を明らかにするとともに、外部の人が国際会計基準の各ルールの理解や解釈に役立てることを意図したものです。1989年に公表され、2010年、2018年と改訂が重ねられてきました。

　この概念フレームワークに「資産」「負債」「資本」「収益」「費用」の定義

※国際会計基準は英語で「International Financial Reporting Standards」、略して「IFRS」といいます。直訳すると「国際財務報告基準」ですが、一般には「国際会計基準」と呼んでいます。「IFRS」の発音ですが、「イファース」といったりします。「アイファス」という人もいましたが、何かのスラングに聞こえるのでいわない方が良いという話になって消えていきました。でも結局「アイ・エフ・アール・エス」が一番メジャーになってきたという説もありますが。

がありますので、順を追って説明しましょう※。一見、難しそうに見えても、ゆっくりお読み頂ければきっと大丈夫ですから、是非最後までお付き合い下さい。

IFRSにおける資産の定義

概念フレームワークでは、会計上の資産の定義を次のように記述しています。

資産とは、企業が過去の事象の結果として支配している現在の経済的資源である。
経済的資源とは、経済的便益を生み出す潜在能力を有する権利である。

An asset is a present economic resource controlled by the entity as a result of past events. An economic resource is a right that has the potential to produce economic benefits.

本書の第2章本文では、資産の定義について、以下のように説明しましたね。
ポイント①
・会社が**支配**していること。支配とは、以下の3つをすべて満たすこと。
　1）その資産のほとんどすべてを自由に使える。
　2）使用によるメリットを会社が享受できる。
　3）他者による使用を排除できる。

　なお、「将来支配するつもり」ではダメで、**すでに支配している**ことが必要です。

　ポイント②
・価値を有すること（＝**将来キャッシュを生む**こと）。これには2つのパターンがある。

※文中で資産、負債、資本（持分）、収益、費用の定義の箇所で概念フレームワークの引用が出てきますが、その原文及び和訳はIFRS財団の著作物です。

　　1）現金回収。例：売掛金が現金で回収された。
　　2）投資回収。例：設備投資した商売がうまくいって、投資は利益で回収
　　　　できた。
　なお、この回収の可能性が低い場合は、資産の定義は満たすがB/Sには計
上できない。

　という話をしました。

　本書の説明は概念フレームワークの記述と整合しています。
　どこがどう整合しているか、若干補足します。

　・「過去の事象の結果として支配している」は「すでに支配している」が
　　該当します。
　・「経済的便益」は「将来キャッシュを生む」の意味です。この解釈は通
　　説です。
　・「潜在能力」は「可能性が低くても資産の定義は満たす」という言葉で
　　説明しました。

　なお補足ですが、2018年版から資産は「権利」であると明記されました。

　どうでしょう。あらためてIFRSの定義を見て頂いて、本書の第2章本文
を読まれた皆様は、すっと理解できたのではないでしょうか。

次に負債に行きましょう。

IFRSにおける負債の定義

　概念フレームワークでは、会計上の負債の定義を次のように記述していま
す。

負債とは、企業が過去の事象の結果として経済的資源を移転する現在の義務

である。
義務とは、企業が回避する実際上の能力を有していない責務又は責任である。

A liability is a present obligation of the entity to transfer an economic resource as a result of past events.
An obligation is a duty or responsibility that an entity has no practical ability to avoid.

本書の第2章本文では、負債の定義について、以下のように説明しました。

- 「義務を負ったらなんでも負債になるわけではなくて、**資産を引き渡す義務**だけが負債です」と言いました。上記の「経済的価値を移転する義務」というのはこのことを言っています。

- 「**いますでに負っている義務**が対象です」と言いました。「過去の事象の結果として」に対応しています。

- その支払い**義務を回避することは現実的にできない**」と言いました。「回避する実際上の能力を有していない」に対応しています。

　以上のように、負債についても、本書の読者であれば、概念フレームワークの記述を「そうだよね」という感じで簡単にご理解頂けるのではないでしょうか（ゆっくり読めばですけど）。

IFRSにおける資本の定義

　概念フレームワークの和訳では、資本のことを「持分」と呼んでいます。2つは同じ意味です。
　概念フレームワークでは会計上の「持分」の定義を次のように記述しています。

持分とは、企業のすべての負債を控除した後の資産に対する残余持分である。

Equity is the residual interest in the assets of the entity after deducting all its liabilities.

　本書の第2章では、資本の定義について、以下のように説明しました。

・「資本とは、資産と負債の**差額である**」

これは概念フレームワークが「すべての負債を控除した後の資産」と言っている点と同じです。

　ただし、「残余持分」（residual interest）というのは、単に「差額」と呼ぶのとは違ってますね。

　これについては第2章本文で説明したように、単純に「最も短い言葉で定義」するのであれば、論理的に「差額」であるという言い方になると思います。同時にその差額が持つ「意味を併せて記述」するのであれば、「差額であり、それは持分を意味する」である。という言い方になる、ということです。

次に収益と費用にいきましょう。

IFRSにおける収益と費用の定義

概念フレームワークでは会計上の「収益」「費用」の定義を次のように記述しています。

収益とは、持分の増加を生じる資産の増加又は負債の減少（持分請求権の保有者からの拠出に関するものを除く）である。

費用とは、持分の減少を生じる資産の減少又は負債の増加（持分請求権の保有者への分配を除く）である。

Income is increases in assets, or decreases in liabilities, that result in increases in equity, other than those relating to contributions from holders of equity claims.

Expenses are decreases in assets, or increases in liabilities, that result in decreases in equity, other than those relating to distributions to holders of equity claims.

ちょっと補足しましょう。

「持分の増加（減少）を生じる資産の増加（減少）又は負債の（増加）減少」といっていますが、これ一発で読めたらすごいですね。これは、本書でやってきた、「資産・負債が動くと差額が動く」と言っていたのと同じ意味です。

「持分請求権の保有者からの拠出に関するものを除く」というのは、本書で言ってきた、「出資による差額」を除く、という意味です。

さて、IFRSの収益・費用と本書の説明には違いがあります。

本書の第2章本文では、資産・負債の差額が生じる理由は、以下の3つであると言いました。

①**出資による差額（資本金＋資本剰余金）**
②**儲けによる差額（利益剰余金）**
③**その他の理由による差額（その他の包括利益累計額）**

　IFRSの言うように、「出資による差額」以外の差額の増加・減少というなら、②と③になります。つまり、IFRSの考えでは、②利益剰余金の増減だけでなく、③その他の包括利益累計額の増減も収益・費用と呼びます。

　これに対して、日本の会計基準では、もっぱら②利益剰余金の増減を収益・費用と呼んでいます。

**　本書では、収益・費用の定義は日本基準の考え方に立っています。**

　両者はどちらかが絶対に正しいとか、間違っているとか、そういう話ではなく、見方の違いと言えます。

　本書の第2章では、収益と費用の定義について、以下のように説明しました。

・**収益とは、利益剰余金の当期中の増加の明細**である。
・**費用とは、利益剰余金の当期中の減少の明細**である。

　つまり、収益・費用は②の明細であるということです。

　このようにIFRSと日本基準は「収益・費用」の定義が違います。

なお、以下の言葉づかいはIFRS・日本基準共通です。
　・前述の②と③の当期中の増減を合計した金額を「包括利益」という。
　・その年度の「包括利益」のうち、利益剰余金の増減を「当期純利益」と呼ぶ。
　・その年度の「包括利益」のうち、「当期純利益」以外を「その他の包括利益」と呼ぶ。
　・つまり「包括利益」＝「当期純利益」＋「その他の包括利益」である。
　・ちなみに「その他の包括利益」を、英語で「Other Comprehensive Income」という。

　　これを略して OCI という。

リサイクリングの話

　その他の包括利益累計額の話をしたので、**リサイクリング**という話をします。

　その他の包括利益累計額の代表として、その他有価証券評価差額金を例にとりましょう。

　他社の株を投資目的で1,000,000円で買ったとします。
　期末には1,200,000円に時価が上がりました。よって時価評価します。

　その他有価証券　200,000円　/　その他有価証券評価差額金　200,000円

　翌期に1,500,000円になりました。また時価評価します。

　その他有価証券　300,000円　/　その他有価証券評価差額金　300,000円

　そこで1,500,000円で売却しました。

　現金　1,500,000円　/　その他有価証券　1,500,000円

　その他有価証券評価差額金　500,000円　/　有価証券売却益　500,000円

　この最後の仕訳でやっていることをリサイクリングといいます。

　その意味は、「その他の包括利益累計額」として計上してきたものを、「利益剰余金」に組み替えるということです。利益剰余金への振替は、当期の収益あるいは費用の計上を通じて行います。

　有価証券を売却しましたので、もはや評価差額ではなく、売却損益となりました。つまりは「その他の包括利益累計額」ではなく「利益剰余金」となります。

　なお、これを組替処理とか、組替調整ともいいます。

第3章

貸借対照表、
損益計算書、
キャッシュフロー
計算書を
詳しく読み解く

世界のプロが学ぶ会計の教科書

資産負債アプローチで使える知識を身につける

1 実際の貸借対照表、損益計算書を読み解く

（1）実際のB/S、P/Lをざっと見てみよう

　それでは架空の上場企業の20×2年決算の連結貸借対照表と連結損益計算書から、解説することにしましょう。

　まずは先に連結貸借対照表を読み、その後、連結損益計算書を読むこととします。

【連結貸借対照表】

（単位：百万円）

	前連結会計年度 （20×1年3月31日）	当連結会計年度 （20×2年3月31日）
資産の部		
流動資産		
現金及び預金	95,407	86,395
売掛金	28,558	36,225
商品	10,088	10,800
前払費用	9,896	12,061
未収入金	51,781	60,993
その他	3,389	11,525
貸倒引当金	△ 1,442	△ 2,693
流動資産合計	197,680	215,308
固定資産		
有形固定資産		
建物及び構築物	273,417	299,324
減価償却累計額	△ 140,192	△ 154,322
建物及び構築物（純額）	133,225	145,001
車両運搬具及び工具器具備品	75,856	74,219
減価償却累計額	△ 59,242	△ 60,619
車両運搬具及び工具器具備品（純額）	16,613	13,599
土地	9,336	9,874
リース資産	108,329	141,874
減価償却累計額	△ 34,273	△ 50,972
リース資産（純額）	74,055	90,902
建設仮勘定	2,150	3,351
有形固定資産合計	235,381	262,728
無形固定資産		
ソフトウエア	25,048	16,772
ソフトウエア仮勘定	1,867	3,782
のれん	10,898	10,939
その他	553	559
無形固定資産合計	38,366	32,054
投資その他の資産		
投資有価証券	11,365	14,430
長期貸付金	38,919	37,959
長期前払費用	10,276	9,296
差入保証金	96,914	96,960
繰延税金資産	28,730	29,384
その他	1,540	1,878
貸倒引当金	△ 1,370	△ 1,086
投資その他の資産合計	181,136	188,824
固定資産合計	454,884	483,606
資産合計	652,563	698,914

（単位：百万円）

	前連結会計年度 （20×1年3月31日）	当連結会計年度 （20×2年3月31日）
負債の部		
流動負債		
買掛金	12,570	10,946
短期借入金	88,746	91,759
リース債務	16,307	18,666
未払金	29,381	33,026
未払法人税等	16,290	16,128
預り金	98,512	98,575
賞与引当金	2,863	2,670
その他	5,208	5,889
流動負債合計	269,883	277,663
固定負債		
長期借入金	167	-
リース債務	53,131	69,404
退職給付に係る負債	11,140	12,473
役員退職慰労引当金	374	459
長期預り保証金	39,171	36,299
資産除去債務	18,775	20,117
その他	853	565
固定負債合計	123,615	139,321
負債合計	393,498	416,984
純資産の部		
株主資本		
資本金	65,847	65,847
資本剰余金	53,706	53,732
利益剰余金	136,356	155,475
自己株式	△ 1,793	△ 1,751
株主資本合計	254,117	273,303
その他の包括利益累計額		
その他有価証券評価差額金	88	△ 105
土地再評価差額金	△ 638	△ 638
為替換算調整勘定	1,327	3,509
その他の包括利益累計額合計	777	2,764
新株予約権	481	627
非支配株主持分	3,690	5,233
純資産合計	259,064	281,929
負債純資産合計	652,563	698,914

　これがこの会社の20×2年3月の連結貸借対照表です。

　まず、連結という言葉ですが、これは親会社と子会社のB/Sを合算しているという意味です。詳しくは後述する**＜ここで学ぼう「連結」＞**を参照して下さい。

　右肩に（単位：百万円）と書いています。財務諸表は単位百万円や単位千

円で作成することが多いです。読者の皆様におかれましては、今後社内の資料を作成するときなどに、特段の指示がなければ、大きい金額を表の形にするときは、百万円単位か千円単位で表を作成することをお勧めします。もちろんその資料の読者が万単位、億単位を好むという場合は合わせてあげれば良いですし、その文化を大切にしている会社もあります。だから悪いわけではないのですが、通常は経営者や数字のプロは百万円単位、千円単位の数字に慣れています。万単位、億単位の数字は読みづらいです。表の形にする時は、万単位、億単位はやめた方が良いです（あくまで表の話で、文章の中で「10億円」とか書くのはOKです）。まだ百万円単位、千円単位の数字の読み方に慣れてないという人は、練習して慣れて下さい。10分くらいで慣れます。

（2）資産の部をざっと見てみよう

　さて、この図表ですが、冒頭に資産の部と書かれています。下の方を見ると、負債の部と書かれています。つまりB/Sが2ページにまたがって書かれています。通常の財務諸表ではこのように本来左右に分かれているB/Sを2ページに分けて見せることは多いです。

　資産の部は、流動資産と固定資産に分かれていることが分かります。

　流動資産とは、1年以内に回収が予定されている資産のことです。回収とは2通りあって、一つは貸付金のように「現金回収」するという意味、もう一つは「投資回収」という意味です。投資回収というのは、例えば工場設備という資産は、ふつう売却して現金化することを目的としているのではなく、事業のために使い倒すことを目的としています。この場合の資産の回収とは、事業を営んで利益を得て、投資の回収をするという意味です。この2つの「回収」の意味で、1年以内に回収を予定しているのが、流動資産です。

　なお、後述する売掛金や買掛金、棚卸資産のように仕入　→　在庫　→　販売　→　回収の循環サイクルに属する資産や負債については、仮に1年を

超えるものがあったとしても流動として扱うこととなっています。

　固定資産というのは、1年を超えて回収する予定の資産のことです。会計の世界では1年以内を「短期」、1年超を「長期」といいます。

　さて、流動資産からいきましょう。

＜現金及び預金＞
　現金というのはお札とコインと思って下さい。預金というのは銀行預金です。もし1年を超える長期の定期預金があったら、ここには入らずに後述する固定資産に入ります。

＜売掛金＞
　売掛金というのは、商品をお客様に販売したが、まだ代金を受け取っていない状態です。お客様からお金を回収する権利を有しているわけです。

　このようなお金を回収する権利を「金銭債権」といいます。売掛金をふくめて金銭債権の科目を紹介しましょう。
・商品の販売によって生まれた金銭債権を「売掛金」と呼びます。
・単にお金を貸している場合の金銭債権は「貸付金」といいます。
・商品販売以外の、その他取引によって生じた金銭債権は「未収金」または「未収入金」といいます。
　（例：備品を業者に売ったが、代金はまだ入金されていないケース）
・期間契約の下での既経過期間分として生じた金銭債権は「未収収益」といいます。
　（例：利息付きでお金を貸したケースで、本日までの利息の金額を計上するケース）

　この売掛金ですが、通常は約束の期日が来れば、我が社の銀行口座に入金が行われます。これが売掛金の回収です。

　たまに、お客様によっては約束手形といいますが、手形用紙に、受取人、金額、支払期日等の必要要件を記入し、それを渡してくれることがあります。その約束手形には、「上記金額をあなた、またはあなたの指図人へこの約束手形と引き替えにお支払いいたします」と書いてあります。それを受け取ったら銀行に持っていって「取立依頼をお願いします」といって銀行員に渡します。あとは銀行がやってくれまして、期日になったら会社の銀行口座にお金が振り込まれます。

　この場合、手形を「受け取った」ので、この債権は「受取手形」といいます。受取手形は金銭債権の一種であり、資産です。

　逆に仕入先などに当社が手形を作成し（振り出すとか、発行するといいます）、仕入先などに渡してあげることがあります。この場合の債務を「支払手形」といいます。これは金銭債務の一種であり、負債です。

＜商品＞

　これはお客様に売る予定で保有している資産です。会計用語で「棚卸資産」といいます。俗に在庫ともいいます。ちなみに製造業の場合は自社で作ったものなので「製品」といいます。製造業や建設業の科目については、**＜ここで学ぼう「製造業・建設業の会計」＞**を参照して下さい。

＜前払費用＞

　これはある期間にわたってサービスを受ける契約をして、「代金を先に払ったが、まだサービスを受けていない」場合に、会社としてはサービスを受ける権利があるわけです。この「将来サービスを受ける権利」を資産として計上します。この資産の名前を「前払費用」といいます。損害保険料や家賃などの例があります。

　なお、保険契約のように一定の期間を通じてサービスを受ける、いわゆる期間契約（１年契約とかの形をとっている）場合は、「前払費用」という科

目を使います。期間契約ではない、スポットの取引（今回、コンサル会社から企業診断のサービスを受けたとか）は「前払金」という科目を使います。さらに商品の仕入代金を先に払った場合は「前渡金」を使うことが多いです。

　これら「前払費用」「前払金」「前渡金」は現金を受け取る権利ではないので金銭債権ではありません。現金以外のモノやサービスを受け取る権利であり、資産です。

＜未収金＞＜未収入金＞＜未収収益＞

　これは売掛金の箇所で説明しました。

＜繰延税金資産＞

　これは一種の前払費用に近いものです。
　＜ここで学ぼう「税効果会計」＞を参照して下さい。

＜貸倒引当金＞

　これは売掛金などの金銭債権を資産として持っている時に、相手方の経営の悪化等によって回収ができないだろうと見積もられた時に、その分、金銭債権の価値が減ったとみなすというものです。
　＜ここで学ぼう「貸倒引当金」＞を参照して下さい。

　次は固定資産です。

　固定資産は「有形固定資産」「無形固定資産」「投資その他の資産」の3つに分かれています。

　まず先に「投資その他の資産」とは何かを説明しましょう。これは「本業以外の目的で保有している固定資産」です。

「有形固定資産」と「無形固定資産」の２つは本業のために保有していま
す。「有形固定資産」は目に見えるものであり、「無形固定資産」は目に見え
ないものです。

では順番に説明しましょう。

＜建物及び構築物＞

「建物」は建物ですが、「構築物」は何でしょう？　屋根のないのが「構築
物」です。

「減価償却累計額」とは何でしょう？　建物などは使用するほど、あるい
は年数が経つほど価値が低下します。よってB/Sに計上されているその資産
の金額をそのままにしておくわけにはいかず、価値が減った分を減額します。
この減額することを「減価償却する」といいます。

ここでは建物などの取得原価を表示し、これまで減価償却した金額の累計
額を分けて表示しています。このこれまで減価償却した金額の累計額を「減
価償却累計額」といいます。

＜ここで学ぼう「減価償却」＞を参照して下さい。

＜車両運搬具及び工具器具備品＞

車両運搬具とは、クルマです。工具・器具とは特に厳密に分ける必要はな
く、工作や作業に用いる道具です。備品は机や家具などです。

＜土地＞

「土地」はその名の通り土地です。

＜リース資産＞

リース契約をして借りている資産は、所有権はリース会社にありますから、
本来は会社の資産ではありません。しかし一部のリース取引は実質的に会社
が買ったのと同じ経済実態であるという解釈から、「リース資産」という名
前の資産に計上します。

＜ここで学ぼう「リース会計」＞を参照して下さい。

＜建設仮勘定＞

　会社の固定資産として使用する予定のものを作っている途中である場合、この資産を「建設仮勘定」といいます。建物以外の設備なども対象となりますので注意して下さい。

　またお客様に販売する予定で製造途中のもの（在庫）を「仕掛品」といいますが、これとは違い、あくまで会社の固定資産として使用する予定のものであることにも注意して下さい。

＜ソフトウェア＞

　会社で使用するソフトウェアのことです。「ソフトウェア仮勘定」は作っている途中のソフトウェアという意味です。

＜のれん＞

　他の会社の株式を取得したら、その会社は手に入りますが、その会社の現在の資産負債の差額よりも高い金額の対価（通常はお金）を払うことが多いです。その場合、「その割り増し分は何を買ったのか？　将来性を買ったのだ。」とみなして、その割増分の金額を「のれん」と呼んで計上します。

　＜ここで学ぼう「のれん」＞を参照して下さい。

＜投資有価証券＞

　投資目的で他の会社の株式などを持っている場合に「投資有価証券」といいます。

　＜ここで学ぼう「金融商品会計」＞を参照して下さい。

＜長期貸付金＞

　長期にわたる貸付金です。

＜長期前払費用＞

　前払費用と考え方は一緒ですが、1年を超えて長期にわたって前払いになっているケースです。

＜差入保証金＞

　事務所を借りる時の敷金保証金や、商売上の必要性から取引先に長期にわたりお金を預けているケースなどが該当します。この対象となるのは、将来返金を受けられる部分のみとなります。

　以上でおおよそ資産の部は網羅できたと思います。おそらく一般的な上場企業のB/Sの資産について、9割方以上は以上の知識で読めると思います。逆に言えば、分からない科目が出てきたら、その会社固有のものである可能性が高いです。有価証券報告書などの他のページを参照したり、直接その会社の人に聞いたりすることもあるでしょう。

　次に負債に行きましょう。

（3）負債の部をざっと見てみよう

　まず分類からいきましょう。

　流動負債というのは、1年以内に支払予定の負債です。但し買掛金など通常の営業取引に係るものは1年超のものであっても流動負債として扱います。

　固定負債は1年超の長期にわたって支払う予定の負債です。

　では一つひとつ見てみましょう。

＜買掛金＞

　商品を仕入れたが代金を支払っていない場合、支払義務がありますよね。

これは負債であり、「買掛金」といいます。

　相手先にお金を払う義務がある場合、それを「金銭債務」といいます。買掛金を含めて金銭債務の科目を紹介しましょう。
・商品仕入れによる金銭債務は「買掛金」といいます。
・単にお金を借りた場合の金銭債務は「借入金」といいます。
・商品仕入れ以外の、その他取引によって生じた金銭債務は「未払金」といいます。
（例：備品を業者から買ったが、代金はまだ支払っていないケース）
・期間契約の下での既経過期間分として生じた金銭債務は「未払費用」といいます。
（例：利息付きでお金を借りたケースで、本日までの利息の金額を計上するケース）
資産のところで学んだ、売掛金、貸付金、未収金、未収収益の逆のパターンですね。

　ちなみに、資産のところで出てきた「前払費用」の逆は「前受収益」といいます。期間契約に基づくお代金を先に受け取った場合に計上されます。

　また「前払金」「前渡金」の逆は「前受金」といいます。期間契約ではないスポットの取引でお代金を先に受け取ったケースで計上します。

　「前受収益」や「前受金」は、お金を払う義務ではないので金銭債務ではありませんが、将来現金以外の広い意味での資産（サービスを含む）を引き渡す義務を負っているので負債です。

＜短期借入金＞
　1年以内の期間で借りた借入金のことです。ちなみにもともとの借入期間は長期であったが、時間が経過し、返済期日が1年以内になった、という場合、「1年以内返済予定の長期借入金」という名前で流動負債に計上します。

＜リース債務＞

これは＜ここで学ぼう「リース会計」＞を参照して下さい。

＜未払金＞

前述の買掛金の箇所で一緒に説明しました。

＜未払法人税等＞

未払金の一種ですが、会社の払うべき法人税等について、決算日時点でまだ払っていない分を負債として計上したものです。

＜預り金＞

何かの目的で人からお金を預かった場合、これは返す義務があるということですから、負債です。これを「預り金」といいます。

＜賞与引当金＞

社員に払う賞与について、払う予定だが金額がまだ確定していないという場合に計上する負債です。

＜ここで学ぼう「引当金」＞（退職給付に係る負債を含む）を参照して下さい。

＜長期借入金＞

長期にわたって返済予定の借入金です。

＜退職給付に係る負債、役員退職慰労引当金＞

社員や役員の退職金の支払いのための負債科目です。

＜ここで学ぼう「引当金」（退職給付に係る負債）＞を参照して下さい。

＜長期預り保証金＞

長期にわたって取引先から預かっている保証金であり、負債です。

＜資産除去債務＞

　通常は不動産を賃借していて、内装工事をした場合は、退去する時には内装工事をとっぱらって元に戻す「原状回復義務」を負っています。これは賃貸借契約で予め定められているので、内装工事をした段階で、すでに契約に基づく支払義務が生じていることになります。この義務を負債として計上します。

　＜ここで学ぼう「資産除去債務」＞を参照して下さい。

　では次に純資産にいきましょう。

（４）純資産の部をざっと見てみよう

＜資本金、資本剰余金＞

　資本金と資本剰余金の２つをあわせて「払込資本」といいます。これが「出資による資産負債の差額」です。

　出資による差額は常に「資本金」と表示されるのではなく、会社法の制約の下での会社の判断により、その全部または一部が「資本金」として表示されます。資本金にしなかった部分を会社法という法律では「資本準備金」といいます。資本準備金というのは会社法における用語ですので、会社法による決算書ではその名前で表示されますが、金融商品取引法に基づく有価証券報告書では、会計用語として「資本剰余金」と呼んでいます（会社法と金融商品取引法については、**＜ここで学ぼう「利害関係者と制度会計」＞**を参照して下さい）。

＜利益剰余金＞

　これは第1章を読まれた読者の方は、良く分かっていらっしゃいます。

＜自己株式＞

　会社は一定の会社法の制約の範囲内で自社の株を買って手元に持っている

ことがあります。

　これを「自己株式」といい、自社株とか、金庫株とも呼ばれます。金庫株があると、小規模の合併を行うときなど、いちいち増資をせずに合併で消滅する会社の株主に自社株を渡すことができたりと、何かと便利です。

　しかし本来は自己株式の取得というのは、いわば株主への払い戻しと同じです。株主への払い戻しということは、出資による差額がその分減ることを意味します。ですから自己株式は資本のマイナスとしてB/Sに表示します。

＜その他の包括利益累計額＞
　その他の包括利益累計額については概要を第2章で触れました。その他有価証券評価差額金については、詳しくは**＜ここで学ぼう「金融商品会計」＞**を、土地再評価差額金については、**＜ここで学ぼう「土地再評価差額金」＞**を、為替換算調整勘定については、**＜ここで学ぼう「為替換算調整勘定」＞**を参照して下さい。また繰延ヘッジ損益というのもありまして、これは**＜ここで学ぼう「金融商品会計」＞**を参照して下さい。

＜新株予約権＞
　会社の株を購入する権利を売るということがあります。投資家は代金を会社に支払います。その支払により、会社から見れば資産と負債の差額は増加します。
　会社としては、まだその部分は株式を発行していませんから、払込資本には含めず、将来そうなる予定であるという意味で純資産に計上します。

＜非支配株主持分＞
　これについては、**＜ここで学ぼう「連結」＞**を参照して下さい。

（5）損益計算書をざっと見てみよう

　損益計算書は、いわば収益と費用のリストです。これらは当期中の利益剰

余金の増減明細です。収益から費用を引いた金額を当期の利益といいますが、損益計算書はその利益の金額も見せてくれます。さらに利益をいくつかの段階に分けて読者に示すことで大変分析しやすい工夫がされています（これを段階利益の表示といいます）。

　右の表を見て下さい。

【連結損益計算書】

(単位：百万円)

	前連結会計年度 (自 20×0年4月1日 至 20×1年3月31日)	当連結会計年度 (自 20×1年4月1日 至 20×2年3月31日)
売上高	548,610	546,136
売上原価	163,065	142,527
売上総利益	385,544	403,608
販売費及び一般管理費		
広告宣伝費	18,691	19,959
消耗品費	5,335	4,563
役員報酬	504	651
従業員給料及び手当	51,387	49,835
従業員賞与	2,532	2,632
賞与引当金繰入額	2,863	2,664
退職給付費用	2,339	2,467
役員退職慰労引当金繰入額	97	100
法定福利及び厚生費	7,789	8,038
貸倒引当金繰入額	△ 16	△ 128
旅費及び交通費	2,610	2,880
水道光熱費	4,270	4,366
租税公課	3,351	3,698
地代家賃	95,191	100,712
修繕費	7,686	8,899
賃借料	6,655	5,057
減価償却費	38,300	42,623
のれん償却額	1,189	1,043
その他	60,205	66,864
販売費及び一般管理費合計	310,985	326,933
営業利益	74,559	76,674
営業外収益		
受取利息	851	968
受取配当金	181	894
持分法による投資利益	443	442
その他	1,011	1,291
営業外収益合計	2,488	3,596
営業外費用		
支払利息	1,385	1,456
リース解約損	601	642
その他	861	649
営業外費用合計	2,849	2,748
経常利益	74,198	77,523

（単位：百万円）

	前連結会計年度 （自 20×0年4月1日 至 20×1年3月31日）	当連結会計年度 （自 20×1年4月1日 至 20×2年3月31日）
特別利益		
固定資産売却益	0	57
投資有価証券売却益	163	454
負ののれん発生益	172	-
償却債権取立益	80	-
その他	11	12
特別利益合計	429	524
特別損失		
固定資産除却損	1,847	2,980
減損損失	3,297	6,465
その他	2,415	1,315
特別損失合計	7,560	10,760
税金等調整前当期純利益	67,066	67,287
法人税、住民税及び事業税	28,525	30,116
法人税等調整額	842	△ 5,780
法人税等合計	29,368	24,335
当期純利益	37,697	42,952
非支配株主に帰属する当期純利益	350	222
親会社株主に帰属する当期純利益	37,346	42,729

それでは上から見てみましょう。

＜売上高＞＜売上原価＞

　まず売上高です。通常物品の販売をする会社ですと、「売上高」を使い、サービス業ですと「営業収入」という科目を使うことが多いです。売れた商品、あるいはサービスの原価を＜売上原価＞＜営業原価＞といいます。売上高と売上原価については、**＜ここで学ぼう「売上と売上原価」＞**を参照して下さい。

＜売上総利益＞

　売上から売上原価を引いたものを「売上総利益」といいます。通常の商品販売ですと、商品の仕入原価にあたる費用が「売上原価」になります。売上から売上原価を引いた利益が俗にいう「粗利」です。これ「アラ利」と読んで下さい（ソリではありません）。

＜販売費及び一般管理費＞

　商売を行うために必要な費用は、売上原価だけではありません。それ以外にも事務所家賃や人件費、水道光熱費などさまざまな経費が掛かります。これらを総称して「販売費及び一般管理費」といいます。縮めて「販管費」といったりします。

広告宣伝費	テレビCMや新聞雑誌等の宣伝費です。
消耗品費	文房具などのもろもろの消耗品の費用です。
役員報酬	役員に支払う報酬です。
従業員給料及び手当	従業員の給料などです。
従業員賞与	従業員の賞与です。
賞与引当金繰入額	従業員の賞与を払う予定の債務計上に伴う費用です。
退職給付費用	＜ここで学ぼう「引当金」（退職給付に係る負債を含む）＞を（退職給付に係る負債を含む）参照して下さい。
役員退職慰労引当金繰入額	＜ここで学ぼう「引当金」（退職給付に係る負債を含む）＞を参照して下さい。
法定福利及び厚生費	従業員の社会保険料会社負担分や福利厚生費用などです。
貸倒引当金繰入額	＜ここで学ぼう「貸倒引当金」＞を参照して下さい。
旅費及び交通費	社員の交通費や出張の費用です。
水道光熱費	水道代、ガス代や電気代などです。
租税公課	印紙税、固定資産税など、所得にかかる税金以外の税金です。
地代家賃	店舗や事務所の家賃です。
修繕費	固定資産の修繕にかかる費用です。
賃借料	物品を借りることによる賃借料です。
減価償却費	＜ここで学ぼう「減価償却」＞を参照して下さい。
のれん償却額	＜ここで学ぼう「のれん」＞を参照して下さい。

＜営業利益＞

　売上総利益（同社の場合は「営業総利益」）から販管費を引いたものが「営業利益」です。これは「本業の利益を表す」といわれます。

＜営業外収益、営業外費用＞

　本業以外ですが、毎期経常的に発生する収益、費用です。以下のようなも

のがあります。

＜受取利息＞
　銀行預金などに付く利息を受け取ったことによる収益です。

＜受取配当金＞
　これは保有している他社の株式について配当金を受け取ったことによる収益です。

＜持分法による投資利益＞
　これは**＜ここで学ぼう「連結」＞**を参照して下さい。

＜支払利息＞
　銀行からの借入金等について利息を支払ったことによる費用です。

＜リース解約損＞
　リース解約に係る違約金等による費用です。

＜経常利益＞
　本業の利益である営業利益に、本業以外の項目である営業外収益を加え、営業外費用を引いたものが「経常利益」です。これは企業の「正常収益力」を表すといわれます。
　「経常」という意味は、この後説明する特別な項目は入れていない、経常的な活動から得られる利益という意味です。ちなみに「ケイツネ」といったりします。

＜特別利益、特別損失＞
　毎期恒常的に発生するわけではなく、特別に発生した収益と費用を意味します。これは減損やリストラに関するもの、あるいは各社固有の事情によるものなどが比較的多いです。

＜固定資産売却益、投資有価証券売却益＞
　固定資産や投資有価証券の売却によって得られた収益です。

＜負ののれん発生益＞
　これは**＜ここで学ぼう「のれん」＞**を参照して下さい。

＜償却債権取立益＞
　過年度において、ある債権が貸し倒れると判断してすでに償却（減額）を行った債権について、当期に実際に回収できてしまった時に計上する収益です。
　＜ここで学ぼう「貸倒引当金」＞を参照して下さい。

＜固定資産除却損＞
　これは固定資産を除却したことによる損失（費用）です。

＜減損損失＞
　これは**＜ここで学ぼう「固定資産減損会計」＞**を参照して下さい。

＜税金等調整前当期純利益＞
　これは会社の所得に係る税金を払う前の利益です。

＜法人税、住民税及び事業税＞
　当期の会社の儲けに対してかかる税金です。

＜法人税等調整額＞
　これは**＜ここで学ぼう「税効果会計」＞**を参照して下さい。

＜非支配株主に帰属する当期純利益＞
　非支配株主損益の調整については、**＜ここで学ぼう「連結」＞**を参照して

下さい。

＜当期純利益＞

　これが最終の会社に残る利益です。配当等を無視すれば、当期中の利益剰余金の増加金額にあたります。

　このように損益計算書というのは、売上総利益、営業利益、経常利益、税金等調整前当期純利益、当期純利益など、さまざまな段階で利益を計算しますね（これが前述した段階利益の表示です）。このことが、読者にとっては大変役に立つ情報を提供しています。

　貸借対照表と損益計算書を使った経営指標の分析については、本書の第4章で扱います。

2 実際のキャッシュフロー計算書を読み解く

（1）実際のキャッシュフロー計算書を見てみよう

　それでは架空の上場企業の20×2年決算のキャッシュフロー計算書を解説することにしましょう。

【連結キャッシュ・フロー計算書】

(単位：百万円)

	前連結会計年度 （自 20×0年4月1日 至 20×1年3月31日）	当連結会計年度 （自 20×1年4月1日 至 20×2年3月31日）
営業活動によるキャッシュ・フロー		
税金等調整前当期純利益	67,066	67,287
減価償却費	49,393	53,897
減損損失	3,297	6,465
受取利息	△ 851	△ 968
支払利息	1,385	1,456
投資有価証券売却損益（△は益）	△ 163	△ 454
固定資産除却損	1,847	2,980
売上債権の増減額（△は増加）	△ 6,506	△ 7,482
たな卸資産の増減額（△は増加）	△ 969	△ 237
未収入金の増減額（△は増加）	△ 14,994	△ 8,562
仕入債務の増減額（△は減少）	△ 1,354	73
未払金の増減額（△は減少）	9,670	3,272
預り金の増減額（△は減少）	14,096	56
預り保証金の増減額（△は減少）	△ 1,052	△ 2,879
退職給付に係る負債の増減額（△は減少）	1,298	1,333
その他	3,767	6,314
小計	125,928	122,552
利息の受取額	844	968
利息の支払額	△ 1,378	△ 1,452
法人税等の支払額	△ 29,515	△ 30,338
営業活動によるキャッシュ・フロー	95,877	91,730
投資活動によるキャッシュ・フロー		
定期預金の預入による支出	△ 26,899	△ 24,761
定期預金の払戻による収入	25,098	29,262
短期貸付金の増減額（△は増加）	△ 42	△ 4,665
長期貸付金の増減額（純額）	△ 2,747	△ 2,250
連結の範囲の変更を伴う子会社株式の取得による収入	540	1,950
関係会社株式の取得による支出	△ 1,494	△ 4,559
有形固定資産の取得による支出	△ 41,939	△ 39,231
無形固定資産の取得による支出	△ 6,368	△ 6,189
長期前払費用の取得による支出	△ 3,044	△ 2,671
その他	△ 4,099	△ 822
投資活動によるキャッシュ・フロー	△ 60,997	△ 53,938
財務活動によるキャッシュ・フロー		
リース債務の返済による支出	△ 15,497	△ 19,670
配当金の支払額	△ 21,697	△ 23,610
その他	1,201	△ 1,344
財務活動によるキャッシュ・フロー	△ 35,992	△ 44,625
現金及び現金同等物に係る換算差額	93	2,323
現金及び現金同等物の増減額（△は減少）	△ 1,016	△ 4,509
現金及び現金同等物の期首残高	82,914	81,897
現金及び現金同等物の期末残高	81,897	77,387

　これがこの会社の20×2年3月のキャッシュフロー計算書です。

　結構、行数が多くて、むずかしそうな印象を持った人も多いと思います。
実は全然むずかしくありません。

　キャッシュフロー計算書というのは、作るのは大変ですが、見るのはもの
すごく簡単なんです。本書の他のページを全く読まなくても、このセクショ
ンだけ読めばもう完璧です。会計の知識も理解も全く要りません。小さい子
供は無理でしょうが、中学生以上くらいならすぐ見れるようになります。

　まず、3つの行に着目してもらいます。

　1つ目は、表の上下の真ん中のあたり。
　「営業活動によるキャッシュフロー」という行です。見つかりました
か？
　金額は前期、当期、それぞれ、「95,877」「91,730」となっています。

　2つ目は、下から5分の一くらい。
　「投資活動によるキャッシュフロー」という行です。見つかりました
か？
　金額は前期、当期、それぞれ、「△60,997」「△53,938」となっています。

　3つ目は、下から5行目。
　「財務活動によるキャッシュフロー」という行です。見つかりました
か？
　金額は前期、当期、それぞれ、「△35,992」「△44,625」となっています。

　この3つの行だけ、まずは見るようにしましょう。

　では、見方を説明していきますが、その前に「キャッシュ」の意味を解説

します。

　ここで「キャッシュ」というのは、現金及び現金同等物という意味です。
　現金とは、お札とコイン、それから要求払い預金といって、すぐに引き出せる預金も入ります。現金同等物とは、容易に換金可能で価格変動リスクをあまり負っていない短期投資です。おおむね3カ月以内のものです。その会社の詳細な「キャッシュ」の定義は経営者が決めることになっています（このセクションではこれ以降、「キャッシュ」とは現金及び現金同等物を指すものとします）。

　では、3つの行の説明に戻ります。

<u>「営業活動によるキャッシュフロー」とは、どんなものが含まれるのでしょうか？</u>

・営業利益の計算に含まれるもの、換言すれば、
・投資活動、財務活動以外のもの

が含まれます。

　営業利益の計算に含まれるものとは、売上高、売上原価、販売費及び一般管理費ですね。いろんな取引がキャッシュフローを生みます。こんな感じです。

【営業活動】キャッシュフローは「＋」か「−」か？	
商品を売ってお代金をもらった。	プラス！
商品を仕入れてお代金を払った。	マイナス！
社員に給料を払った。	マイナス！
家賃を払った。	マイナス！

　分かりやすいですよね。これでそれぞれ金額を入れれば、キャッシュフロー計算書の営業活動のところは完成です。

　ところが、なかなかこれは作りにくいんです。会計記録は当期の利益を算出することは得意ですが、上述したキャッシュの動きをストレートに記録から拾うことはしづらいんです（ストレートに動きを拾う方法を「直接法」といいます）。「本年度の社員への給与という費用の金額」は帳簿記録から拾えますが、「本年度中に、社員に実際にキャッシュを渡した金額」は苦労して別途集計しないと正確には分かりません。すべての科目について、これはやってられませんね。

　なので、通常は別の方法をとります。

　当期の利益の金額からスタートして、それをキャッシュのプラス・マイナスに置き換える調整をするというアプローチです（「間接法」といいます）。こんな感じです。

【営業活動】キャッシュフローは「＋」か「－」か？	
当期は××円、利益が出た！	プラス！
売掛金が増えた。	マイナス！
買掛金が減った。	プラス！
棚卸資産が増えた。	マイナス！

　説明しましょう。

　当期の利益の金額、というのは、もし仮にすべての取引をその場で現金で行う会社があったら、当期の利益＝当期のキャッシュの増加ですよね。

　実際には、商品が売れて儲かったけど、現金回収は来月だ、とか、利益の計算と、現金（キャッシュ）の増減にはタイムラグがあります。

　もし仮に、ただ1件の取引を除いてすべてを現金で取引した会社があったとします。当期の利益は100万円でした。もしすべて現金取引ならば、当期のキャッシュ増加は100万円です。

　その1件というのは、あるお客様にだけ20万円で掛売りをしたという取引でした。売掛金が20万円増加しましたね。すると、当期の利益は100万円ですが、手元のキャッシュは80万円しか増加しません。

　　　当期の利益　　　　　　　　　　　　　　　　　　　　100万円
　　　売掛金の増加によるキャッシュフローへの影響　　　△ 20万円
　　　当期中のキャッシュの増加　　　　　　　　　　　　　80万円

となります。

　このように、当期の利益の金額からスタートして、売掛金とか、買掛金とかが増減することによるキャッシュフローへの影響を加味してやると、当期中のキャッシュの増加（減少）が計算できるのです。

　例えば「売掛金が増えた」という場合は、上述のように、売掛金は「現金になる前の手前の段階」の資産ですから、この「現金化の手前の状態」が増えるということは、手元のキャッシュフロー的にはマイナスですよね。

　買掛金の減少はどうでしょう。買掛金というのは「まだ現金を支払ってない」状態ですから、これが増えるというのは、手元のキャッシュフロー的にはプラスです。

　こんな感じで、後述する、投資活動・財務活動以外の資産負債について、増える・減るということがキャッシュフローにプラスかマイナスか、を書いていくやり方です。

「投資活動によるキャッシュフロー」にはどんなものが含まれているのでしょうか？

投資活動というのは、

・固定資産の取得・売却
・キャッシュ（現金および現金同等物）に含まれない短期投資の取得・売却

が含まれます。こんな感じです。ここは直接法で作ります。

【投資活動】キャッシュフローは「＋」か「－」か？	
工場を建てた。	マイナス！
他社の株を買った。	マイナス！
遊休土地を売却した。	プラス！
定期預金に預けた。	マイナス！
定期預金を引き出した。	プラス！

「財務活動によるキャッシュフロー」にはどんなものが含まれているのでしょうか？

財務活動とは、資金調達活動のことであり、これに含まれるのは、

・株主からの出資
・銀行などからの借入や返済
・株主への配当の支払い

などが含まれます。次ページのような感じです。これも直接法です。

【財務活動】キャッシュフローは「＋」か「−」か？	
株主から出資を受けた。	プラス！
銀行からお金を借りた。	プラス！
銀行にお金を返した。	マイナス！
株主に配当金を払った。	マイナス！

それでは、3つの行を見てみましょう。

当期の数字で言うと（単位：百万円）こうなります。

「営業活動によるキャッシュフロー」は91,730

「投資活動によるキャッシュフロー」は△53,938

「財務活動によるキャッシュフロー」は△44,625

筆者はこんな絵を描くことをいつもお勧めしています。

この絵を見て、まずは全体像をつかんで欲しいんです。

　見方を説明しましょう。

「営業活動の見方」

　営業活動がプラスということは、会社の通常の営業活動でキャッシュを生み出している、という解釈ができます。この会社はそうなってますね。

「投資活動の見方」

　投資活動が1年をトータルでみると大きなマイナスになっています。

・新たに投資をすると、キャッシュフローはマイナスです。

・既存の投資を売却すると、キャッシュフローはプラスです。

　この会社は1年トータルで投資活動のキャッシュフローが大きなマイナス

ということは、今年1年間、積極的に新規投資をして攻めていたな、という解釈になります。

　逆に投資活動によるキャッシュフローがプラスだったら、手持ちの資産を処分換金してるな。苦しいのかな、という解釈になったりします。

「財務活動の見方」

　財務活動は、株主からの出資を受けるとプラスですが、ベンチャー企業はともかく、普通の会社では追加出資、いわゆる「増資」を受けるというのは頻度は少ないですね。多くは銀行との間の借入金のやりとりです。
・銀行から借りると、キャッシュフローはプラスです。
・銀行に返済すると、キャッシュフローはマイナスです。

　1年間を通して、財務活動によるキャッシュフローがプラスだったら、借入が増えたということでマイナスなら借入金を返済した、ということです。

　この会社は1年を通して財務活動によるキャッシュフローがマイナスですので、「借入金を返済した年だったんだな」ということが分かります。

　それではトータルではどんな会社に見えますか？

　いま言ったことを並べても良いし、一言で印象を述べても構いません。

　銀行からの借入金は減らしつつも、営業活動からの豊富なキャッシュフローにより、将来のための投資を積極的に行っている会社に見える、といった感じです。

　あくまで「考えられる一つのシナリオ」ですが、その1年間、経営者が何をしようとしていたのかが浮き彫りになって見えてきます。こればかりはB/S、P/Lを百万回見ても分かりません。

　キャッシュフロー計算書はこのようなことを見せてくれます。このキャッシュフロー計算書の分析をする時は、次のアドバイスを覚えておいて下さい。

①社長の言葉（インタビューや投資家への発言等々）とキャッシュフロー計算書の分析を併せて行う。狙い通り経営できたのか、あるいは言行不一致だったのか発見にもつながります。

②他社との比較や過去との比較を必ず行う。数字の変化の意味が、当期に特有のことか、当社に特有のことか、外部環境全体のことか、見分けられるようになります。

③まず全体像をつかんでから、複数のシナリオを考えて、上記①②をヒントに絞り込み、さらに1行1行細かく内容を見ていくようにすると良いです。部分から先に見ても何も見えてきません。

（2）少し練習しましょう

それでは、以下のキャッシュフロー計算書を見て、どういうシナリオを想定しますか？

①のケース

+	財務活動	
−	投資活動	営業活動

解釈1
本業不振で営業活動は赤字だが、金融機関が支えてくれているので、未来のための投資を続けている。

解釈2
将来性あるベンチャー企業のケース。営業活動は赤字だが、これは人材の先行雇用や、ブランディングのための広告宣伝費のためである。投資家が資金面で応援してくれており、未来への投資が積極的にできている。

解釈3

一時的な天候不順、あるいは突発的、一時的事象により、本業の経営が悪化しているが、回復は時間の問題である。銀行は、そこは理解してくれているので、投資については計画通り進んでいる。

　このように一つのキャッシュフロー計算書でも複数のシナリオを想定することができますので、まずはシナリオを多く考え、その後絞っていき、分析の精度を高めると良いです。

②のケース

解釈1

これは地獄の状態かもしれませんね。営業活動は赤字。金融機関からは貸しはがしとはいいませんが、返済を厳しく迫られている。金目の資産は売却処分して赤字の補填と借金の返済に充てているが、それも時間の問題である。

　こんな話をある会社でしていましたら、参加されていた管理職の方が、次のように発言なさいました。

解釈2

「確かに厳しい状態であることは認めるが、本当の地獄ではない。本当の地獄はこれです」。といって次の絵をかきました。

　「あれ、新たにお金を借りれているよね。貸してくれる人がいるなら地獄じゃないんじゃないですか？」と言いましたら、「いや、借りている相手が違うんです」という返事でした。なるほど、怖いですね（「腎臓売れ」の劇画の世界ですね）。

　キャッシュフロー計算書を見るのは簡単で、しかも大変面白いということにご賛同頂けたのではないかと思います。

　ぜひいろんな会社のキャッシュフロー計算書を見て、考えられるシナリオを想像し、周辺情報を使って絞り込んで、精度の高い分析をして下さい。

３ ＜ここで学ぼう＞シリーズ

＜ここで学ぼう「利害関係者と制度会計」 ＞

要は何をすることか？

　ここで企業を取り巻く利害関係者、決算書の必要性、それに関するルールとしての制度会計についてポイントを解説しましょう。

＜企業を取り巻く利害関係者＞

　いまの企業には多くの利害関係者がいます。

　もっとも基本的な利害関係者は、会社にお金を提供している人たち（会社達）です。

　これは大きくいって2つに分かれます。一つは出資をしている株主です。これから出資をしようとしている投資家も含みます。もう一つはお金を貸している銀行などの債権者です。

　株主は会社が将来成長して利益を得て、配当がもらえることを期待しています。また会社の株式の価値が向上して、将来転売した時に高く売れることを期待しています。その意味で株主や投資家の主たる関心は、会社の儲ける力、つまり収益性や成長性になります。

　一方、債権者の主たる関心は、貸したお金を確実に利息を含めて回収できるか、という点です。会社の収益性や成長性も大事ですが、通常はそれ以上に、会社が借金を返済できる力、つまり安全性になります。

　それ以外にも会社の利害関係者は様々です。従業員や、得意先、行政当局や地域住民など、今日の特に大企業には、何らかの関係を有する利害関係者

が多数います。さらに今日では気候変動の影響や地球資源の有限性の議論が盛んになり、広く社会全体もそれぞれの企業にとっての利害関係者とみなすべき時代になってきました。

　このような利害関係者に会社の状況を報告・開示することは大変重要なことです。

＜アカウンタビリティ＞

　アカウンタビリティ（Accountability）という言葉があります。第1章で詳しく説明しましたので、「それ何だっけ？」という方は、まずはそちらを参照されることをお勧めします。

　日本語で「説明責任」とか「報告責任」とか訳されますが、今日ではカタカナで「アカウンタビリティ」といわれることが多いです。

　ここでも簡単に振り返りますが、アカウンタビリティというのは、まず何かの仕事を「任せる」という行為があって、任せられた方がその仕事ぶりや内容について、任せた側が納得安心できるように、特に要求されなくとも「当然の責任として自発的に報告・説明する」という意味の言葉です。つまり「任せる」「任される」という関係性がそこにあり、任せてくれた相手が合理的に納得・安心できるよう、説明をする責任、逆に言えば説明できるような仕事を実現する責任を「自発的に」果たすことが求められるというのがポイントです。

　これを会社に当てはめてみると、株主と経営者（取締役）の間に明らかにこのアカウンタビリティの関係があります。取締役は株主から経営を委任されます。その結果、会社の経営の状況がどうなっているかを当然に報告するのが、経営者による株主に対する、アカウンタビリティです。このために決算書が用いられるというのが会計（Accounting）の原点です。

　そう考えると、決算書を作成して株主に報告するのは、公のルールがあるからやるのではなく、ルールがなくとも能動的に経営者が行うのが本来の姿だからやるのです。

　では、公的ルールは不要でしょうか？

　公的ルールの存在意義というのは、もしなかったら各社バラバラな方法で資料を作成する結果、読み手が混乱することを回避できることや、各社が独自の報告体系を工夫する手間を掛けることになると、社会全体でみれば仕事の重複が多くなることから、公的ルールを作った方がコスト効率面で有効であるからです。

　今日では、企業を取り巻く利害関係者は株主だけではなく、前述のように多岐にわたります。そこにはさらに、企業の周辺地域だけでなく、上述したような気候変動や地球資源の有限性からくる持続可能性の議論など、社会に対するアカウンタビリティの視点も入ってきています（ISSBによる情報開示の基準については後述します）。社会的分業として、社会から何らかの経済活動を営むことを任されているからです。特に上場しているような企業は社会的にも大きな存在であり影響が大きいということで、さまざまな公のルールが存在しているのです。

＜制度会計＞

　制度会計というのは、公のルールに従って会計報告を行うことです。
　このルールには、法律に着目して説明すると、大きくいって次の2種類があります。

　一つは全ての会社が対象になる「会社法」です。会社法の規定と「会社計算規則」という詳細な決まりに従って会社は決算書を作成し、開示することが求められます。

　もう一つは上場企業等を対象とした「金融商品取引法」です。同法と「財務諸表等規則」および「連結財務諸表規則」という詳細な決まりに従って財務諸表を作成・開示します。こちらの方がより詳細な開示を求めていますが、これは通常「有価証券報告書」という書類にまとめられ、内閣総理大臣に提出（実際は金融庁長官に権限委譲され、そして各地方の財務局に権限委譲されています）します。そして一般に向けて公開します。一般の投資家等を保護するのが、その広範な開示の目的となっています。

　この２つに加えて、法人税法をはじめとする税法の規定があります。税法の規定は会計処理や開示をどうするか決めているのではなく、税金の金額を算定するためのものですが、会社にとって準拠すべき公のルールという意味では、会社法、金融商品取引法と同様に重要な意味を持っています。

＜ここで学ぼう「収益認識基準」＞

要は何をすることか？

　ここで、収益と費用の話をしていきたいと思います。

　まずは、押さえておきたい大きなトピックがあります。

　2021年４月から「収益認識に関する会計基準」という新しい会計基準の適用が始まりました。ここでは、まずこの内容について解説していきます（以下、「収益認識基準」と呼びます）。

　収益をいつ計上するか（計上することを認識するといいます）、という論点については、日本でも海外でもこれまでいろんな業種ごとにバラバラにルールを作ってきた経緯があります。でも会計理論的に首尾一貫した形で、かつ統一的に一つのルールでカバーできないか、ということで、日本でも海外でも新しいルールが作られました。ほとんど同じ内容となっています。対象としては通常の営業活動におけるお客様との取引が対象です。それ以外の収益も金融商品やリースに関するものなどありますが、この基準の対象外です。でも現実には一般の会社にとってはメインの取引はお客様との通常の営業活動の取引と思いますので、この基準はとても重要な会計基準といえます。

　基本的なコンセプトは、収益の認識について、**資産・負債の定義と整合した収益認識のルールを作ろう**ということでした。

　「資産とは会社が実質的に所有する（支配する）価値を有するもの」でした。また、
　「負債とは、会社が資産を支払わなければならない支払義務」でした。

　商品の販売というのは、商品という資産に対する「支配」が、売手から買手に移転することと言えます。この**支配の移転と引き換えに、受け取れるであろう対価が生まれてきますが、これをありのままに描写するように収益を認識しよう**というのが「収益認識基準」の考え方です。

　なお、サービスの場合も考え方は同じです。形のない、目に見えないサービスでも、一瞬は「サービスを受ける権利」という資産である。それが瞬時に消化されるということである、と考えられています。以下、この「収益認識基準」の説明で「商品」というときは、特に断りのない限りサービスを含むものとします。なお「収益認識基準」では「財又はサービス」という言い方をしています。

　それでは日常的な発想と言葉遣いで、この「収益認識基準」を説明していきましょう。下記の図表を見ながら読んで下さい。

収益認識基準

日常会話の言葉遣い			基準の言葉遣い	ポイント
お客様との商談はちゃんと成立した？			1．契約の識別	契約の５要件を満たしているか見分けること。 Yesなら、この基準で収益を認識する。
合意した内容は？	なにを売るの？		2．履行義務の識別	売る＝資産の支配を移転する＝引き渡す＝義務を履行する。 引渡す商品（サービス）が複数あるなら、それぞれの履行義務を見分けること。
	値段は？	トータルでいくら？	3．取引価格の決定	商品と引換にトータルでいくらの対価を受け取ることができるか？
		それぞれいくら？	4．取引価格の履行義務への配分	複数の履行義務があるなら、各商品を単独で販売した場合の価格比に基づいて、対価の金額を各履行義務に配分する。
	納期は？		5．履行義務の充足	履行義務を充足する＝商品という資産の支配の移転。 ワンタイムのケースと、一定期間にわたるケースがある。

＜オヤジさんと若い店員の話＞

　ある小さな商店の話です。
　最近お店で採用した若い店員が客先からうれしそうに戻ってきました。

店員「オヤジさん、××商事との商談を成立させてきました！」
主人「"商談成立"ってお前、ちゃんと約束できたのか？」
　　　「何を売るんだ？」
　　　「いくらだ？」
　　　「納期は？」
店員が質問にていねいに答えると、
主人「・・・そうか分かった。よくやった。えらいぞ」

　という感じの会話をしたとしましょう。

　実は、収益認識基準が言っているのも、オヤジさんと全く同じことです。

　・ちゃんと約束できたか？
　・何を売るんだ？
　・いくらだ？
　・納期は？

　お客様に商品を売るのであれば、まずはこの４点をはっきりさせる必要がありますね。

　この４点によって会計処理も決まってくるわけです。

　それでは順に説明しましょう。

・「ちゃんと約束できたか？」

　商売における約束というのは、まずは法的に有効で法律のしばりを受ける約束である必要があります。これを「契約」といいます。

　契約というのは、必ずしも書類として整っているとは限りません。書類が無くても合意があれば立派な契約です。いちいち確認行為をしなくても、その業界の商慣習があればそれが契約とみなされることもあります。

　ここで商品を売る上で「ちゃんと約束できた」というのは、その法的に有効な契約がさらに以下の5つの要件を満たすことを指しています。

・お互いに合意内容を承知して、義務の履行を約束していること
・売る対象の商品（またはサービス）がはっきりしていること
・支払条件がはっきりしていること
・お金のやり取りが生じる取引であること
・お代金の回収が見込めること

　契約がこの5つの要件を満たしたら、「収益認識基準」の対象となります。

　この5要件を満たす契約であるかどうかを見分けることを「収益認識基準」では「契約の識別」と呼んでいます。

　また複数の契約書を交わしていても、同じ相手と同じ時期に交わした契約を、実質的に1つの契約とみなすこともあります（契約の結合といいます）。

　自分の会社の取引について「収益認識基準」を適用する際に、最初にすべきことは、この「契約の識別」です。

・「何を売るんだ？」
　前述のように商品の販売というのは、商品という資産に対する「支配」が、売り手から買い手に移転することです。この**支配の移転と引き換えに、受け**

取れるであろう対価をありのままに描写するように収益を認識しようというのが「収益認識基準」の考え方であると言いました。

　100万円のクルマを売るケースを考えてみましょう。いまなら３年間の整備を無料サービスとしてお付けします。という売り方をしていたとします。普通の目で見れば「うん100万円のクルマを売ってるのね」というふうに１つの販売取引に見えるでしょう。

　でもこの場合、よく考えてみると、売る商品は「クルマ」と「整備サービス」の２つなんです。「整備サービス」というのも独立した一つの商品として、単独で販売してますよね。また整備無料サービスなしでもクルマを買って日々活用することもフツーに可能ですよね。売る側から見れば単独で納車できますね。このような場合、クルマという商品と整備サービスという商品は区別することが求められます。
　・買う方は、単独でその商品を使ってメリットを享受できる。
　・売る方は、単独で引き渡しができる。
　ちなみに、このような他と区別できる商品のことを、「収益認識基準」では「別個の財又はサービス」という言い方をしています。

　支配の移転の対象となる商品は、区別できるものは区別します。
　何のために区別するのでしょうか？　繰り返しますが、支配の移転に伴い生まれる対価を描写するように収益を認識する、というのが基本的な考えでした。商品によって支配の移転のありようが異なることがあるから、区別するのです。

　クルマは納車という商品のワンタイムの引き渡しによって支配が移転します。一方、整備サービスは３年間にわたって提供されます（支配が移転する）。よってクルマを引き渡すことと、３年間にわたって整備をすることは、別々の「引き渡し行為」といえます。引き渡しのために何をしなければならないか、は契約で合意されているわけです。

　売り手が負っている、この契約で決められた支配の移転の義務（引き渡しの義務）を「履行義務」といいます。履行義務を果たせば、商品という資産の支配は買手に移転します。ワンタイムで移転することもあれば、時間がかかることもあります。

「何を売るの？」
「何を引き渡すの？」
「引き渡しのために何をしなければならないの（履行義務）？」

　この３つは同じことを言っています。

　よって「何を売るんだ？」のオヤジさんの質問は、「履行義務は何だ？」ということです。履行義務は何か。複数あるならばそれぞれにはっきりさせなければ、支配がいつ移転したかを語れません。この履行義務を見分けることを「収益認識基準」では「履行義務の識別」と呼んでいます。

・いくらだ？
　これは商品の価格のことですね。取引価格といいます。

　お客様に商品を移転しますが、それと引き換えに受け取ることができるはずの対価の金額がありますね。それが取引価格です。ちなみに消費税のように、第三者（この場合政府）の代理で現金を回収するだけの部分は取引価格に入りません。

　さて、引き渡す商品が複数ある場合は、それぞれに取引価格がいくらであるかを考える必要があります。その場合、単純に値札で決めるのではなく、各商品を単独で売った場合の価格に基づいて、トータルの取引価格を配分します。これを「取引価格の履行義務への配分」といいます。

　さらに、価格が変動する場合や、現金以外の対価がある場合、あるいはお金の貸し借りの利息に相当する部分が混じっている場合など、いろんな例外的なケースがあり得ますので、この辺の扱いは「収益認識基準」で規定されています。

・納期は？

　一般的な商売の会話であれば、「納期はいつ？」という会話をしますよね。納期とは何かというと、商品を引き渡すタイミングのことです。このタイミングについては、大きくいって2パターンあると思います。

　1つはワンタイムで商品を引き渡すケースです。この場合は、売手が履行義務を果たす（「充足する」といいます）のは、引き渡し時点となります。この引き渡しですが、厳密に考える必要があります。「単純にいつお渡しするか」ではなく、「支配の移転はいつか」ということです。「納期」というと、単純にモノを渡すタイミングのイメージかもしれませんが、「支配の移転のタイミング」というと一概にシンプルには決められません。

　以下のような事項を、「支配の移転」があったかどうかを検討するときに考慮すべきとされています。
- 引き渡した商品と引き換えの対価を受け取る権利を、いますでに持っているか？
- お客様が商品の法的所有権を持っているか？
- 商品の物理的占有（事実上の支配）はお客様に渡したか？
- お客様は商品の所有に伴うリスクを負い、リターンを得ているか？
- お客様は商品を「検収」したか？

　2つ目は一定の期間にわたって商品を引き渡すケースです。
　次のどれかにあてはまれば、商品という資産に対する支配の移転が一定期間にわたって行われ、履行義務の充足が一定期間にわたって行われるものとみなし、収益も一定期間にわたって認識します（以下で資産とはお客様に支

配が移転する商品のことを指しています）。

①売り手が義務を履行すると同時に、顧客が資産からのメリットを享受するケース（顧客が受け取りと同時に消費するとか）

②売り手が義務を履行すると、資産が生まれ（増加し）、それをお客様が支配するケース（建設中の建物を顧客が占有しているとか）

③次の2つを両方とも満たすケース（①②の判断が難しい時に適用する）

　1）売り手が義務を履行すると、他の目的に転用できない資産が生じること（他の顧客に売ることが出来ない商品が生まれるという意味）

　2）売り手が義務を履行した部分については、対価を受け取る権利を持っていること（解約時に、そこまでの仕事の分は請求できるという意味）

　さて、一定期間にわたって履行義務が充足される場合は、進捗度の見積もりが必要となります。これはアウトプット（得られた成果、施した期間、生産した個数、どこまでできたか、など）か、投入したインプット（消費した資源、仕事した時間、投入したコストなど）のどちらか、より忠実に進捗を描写できる方を選びます。

＜ここで学ぼう「費用の認識」＞

要は何をすることか？

　ここでは、費用をどういうタイミングで計上するか、という話をしましょう（会計の世界では、計上することを「認識する」といいます）。

　なお、収益については、「収益認識基準」のページを参照して下さい。

　では費用についてはどういうタイミングで認識するのでしょうか？

具体的な会計処理

　費用をいつ計上するかについては、2種類に分かれます。
　まず、「売上原価」ですが、これは売上と同時に認識します。これを収益と費用の対応といいます。

　売上原価以外の費用については、モノやサービスを「消費」した時点で費用を認識します。例えば3月分の電気代を4月に払ったというケースであれば、実際に消費したのは3月ですから、これは3月の費用として扱います。

＜ここで学ぼう「貸倒引当金」＞

要は何をすることか？

　A社がB社にお金を1億円貸しているとします。

　回収はまだしていません。その間にB社の経営が悪化し、1億円のうち3千万円が回収できなさそうだ、とA社が見積もったとします。

　この場合、A社では、B社に対する貸付金の価値を1億円から7千万円に減らす、ということをします。

　この減った部分の金額（この場合マイナス3千万円）のことを「貸倒引当金」といいます。

　つまり貸付金などの回収ができないと見積もった時に、その分だけ貸付金などの価値を減らすということです。

具体的な会計処理

　貸付金という資産が3千万円減る。

　他に資産・負債の動きは無い。

　よって資産負債の差額は3千万円減る。

　利益剰余金の減少である。ということは「費用」である。

　「貸倒引当金繰入額」という名前の費用にします。

　仕訳の考え方は、まずはこうなると考えますよね。（単位：千円）

借）貸倒引当金繰入額　　30,000　／　貸）貸付金　　　　　　　　30,000

　これで正しいと言えば正しいのですが、一般的には少し違う仕訳の仕方を

します。ここは注意が必要です。

　その説明ですが、実は貸付金の価値が減ったと判断した場合には２通りあります。

　①完全に回収の見込みがないと確定はしてないが、そう判断したケース
　②完全に回収の見込みがないことが確定したケース（法的倒産手続きで確定した等）

　まず、①から説明しましょう。相手の経営が悪化した場合、たいていは①の状態から始まり、悪くすれば②に至る、という感じです。

　上記①の場合、最初から完全に貸付金という科目を減額する形で会計帳簿に記録するのではなく、減った分の金額を別途科目を設けて、両方記録しておく、という方法をとります。そこで使われるのが「貸倒引当金」という科目です。

　この場合、B/S上の表示がどうなるかもお話ししましょう。

　B/S上の表示としては、まず、

　　　貸付金　　　　　70,000千円

と直接３千万円を減額して表示する場合と、

　　　貸付金　　　　　100,000千円
　　　貸倒引当金　　　△30,000

というふうに貸付金の元々の金額である１億円と、減った部分である３千万円を２行に分けて両方見せる場合とがあります。この２つの表示方法は、

会社が選択できます（なお、直接減額する場合は、3千万円が減額されていることを注記で開示することになっています）。

　以上のことから、実は、貸倒引当金の計上の仕訳をする際、貸付金を直接右に書いて減らすという仕訳をするのではなく、「貸倒引当金」という科目を使って仕訳をするのが普通です。この場合「貸倒引当金」というのは、評価勘定といって、もっぱら貸付金の金額を減らすという意味を持つ科目です。その正体は「貸付金の減額部分」です。

　借）貸倒引当金繰入額　　30,000 　／　貸）貸倒引当金　　　　　　30,000

これが貸倒引当金を計上する仕訳です。

＜貸倒引当金＞　　つまり要約するとこうなる！

取引の例 （以下、 金額単位は千円とする）

A 社に対する貸付金は 100,000 である。
決算日（12 月 31 日）に、貸倒引当金を計上する。A 社に対する貸付金の 30％は回収できないと見積もった。

ヒント

貸付金の価値が 30％減ると考える。つまり 100,000 から 70,000 に減る。

基本フォーム

①資産・負債の動きはどうなるか？
　⇒貸付金という資産が 30,000 減る。
②資産・負債の差額はどうなるか？
　⇒差額は 30,000 減る。⇒これは利益剰余金の減少である。⇒費用である。⇒「貸倒引当金繰入額」とする。

仕訳

貸倒引当金繰入額	30,000	/	貸倒引当金	30,000

B/S、 P/L の動き

＜Before＞

B/S

貸付金	100,000		
		その他負債	50,000
その他資産	20,000	資本金	10,000
		利益剰余金	60,000
資産合計	120,000		120,000

P/L

その他費用	30,000	その他収益	80,000
当期純利益	50,000		
	80,000		80,000

＜After＞

B/S

貸付金	100,000		
貸倒引当金	△ 30,000	その他負債	50,000
その他資産	20,000	資本金	10,000
		利益剰余金	30,000
資産合計	90,000		90,000

P/L

貸倒引当金繰入額	30,000		
その他費用	30,000	その他収益	80,000
当期純利益	20,000		
	80,000		80,000

貸付金が 30,000 減って、
利益剰余金が 30,000 減った。

貸倒引当金繰入額が 30,000 増えて、
当期純利益が 30,000 減った。

　この貸倒引当金を計上することを指して、実務の世界では「貸倒引当金を引き当てる」とか「貸倒引当金を積む」といった呼び方をします。別にお金を本当に積み立てるという意味ではありません。単に「貸付金の価値が減ったので金額を減額する（減った金額は貸倒引当金で示す）」という意味です。

　なお、貸倒引当金を計上する対象となるのは貸付金だけではなく、売掛金や受取手形など、金銭債権の全てが対象となり得ます。ここで金銭債権というのは、他人から金を回収する権利を指します。

　次に②の回収できないことが確定したケースを説明しましょう。
　「貸倒引当金を引き当てる」という言葉に対して、それとは別に「貸倒償却をする」という言葉で呼びます。これは貸付金の回収可能性が、単なる見積りベースではなくて、例えば相手の会社が倒産の法的手続きに入ったとか、もっと絶望的な場合に行う処理です。

　この場合、貸倒引当金というのは使わずに、直接貸付金を減額する仕訳をします。この仕訳は以下の様になります。

　借）貸倒損失　　　　　30,000　／　貸）貸付金　　　　　　　30,000

　なお、回収できないと処理した貸付金が、将来回収できた時は、「償却債権取立益」という収益で処理します。ちなみに、貸倒引当金を計上したが、回収できた、あるいは貸倒引当金が不要になった場合は、貸倒引当金を減らすとともに「貸倒引当金戻入益」という収益を計上します。

＜ここで学ぼう「減価償却」＞

要は何をすることか？

　A社は仕事用に、クルマを1台、100万円で買いました。
5年で使い倒す予定です。

　クルマを買ったら、取得原価である100万円で資産に計上しますよね。これを永久に100万円のままにしておいて良いでしょうか？　クルマの価値は使用や時の経過とともに減少していきます。

　A社としては5年間で使い倒すと予定していますから、この場合、5年間をかけてクルマの金額を減らしてやる必要があります。5年経ったら価値が無くなるという考え方です。

　このように、固定資産を取得して、その後使用や時の経過とともに価値が減るモノについては（土地以外は大体そうですね）、固定資産の価値を減らしていきます。これを減価償却といいます。例えば100万円というクルマの金額を、80万円、60万円、40万円、と減らしていくのです。

　この場合のクルマの寿命にあたる期間（ここでは5年）のことを耐用年数といいます。これはA社の経営者の見積りに基づいてA社が決めます。実務上は法人税法に「耐用年数表」というのがあって、それを参考にしている例が日本企業では多いです。

　減価償却を5年なら5年で終了した時に、なお一定の価値が残ると判断した場合は、その金額が最後に残るようにします。これを残存価値といいます。日本企業ではこれは今はほとんどの場合ゼロ（正確には備忘記録といって、忘れないようにするために1円）としている場合が多いです。

　さっきのクルマの例ですと、取得した金額は100万円ですが、これを取得価額といいます。耐用年数は5年とします。減価償却方法は定額法です。残存価値はゼロとします。この場合、1年間あたりの減価償却の金額は、100万円÷5年＝20万円となります。よって例えば、購入から1年経った時点では、クルマの金額は、減価償却がすでに20万円行われているので、100万円－20万円＝80万円となります。この80万円をその時点の帳簿価額といいます。

　また減価償却の方法には、いま説明した、時の経過とともに一定の金額ずつ減らす方法（いま言った定額法）の他に、一定の比率を乗じて減らしていく方法（定率法といいます）などがあります。石炭を掘る機械などは、使用に比例して価値が減るということで、各期における使用量分だけ減らすという方法（生産高比例法といいます）を採用している例などもあります。

具体的な会計処理

　クルマは元々1,000千円で計上されたとする。
　耐用年数5年、定額法を採用しているとする。
　なお、クルマのことは「車両運搬具」と呼んでいることにする。

　取得から1年が経った。

　クルマという資産が200千円減った。
　他に資産負債の動きは無い。
　よって、資産負債の差額は200千円減った。
　これは利益剰余金の減少である。費用の名前は「減価償却費」とする。

　仕訳の考え方は、まずはこうなると考えますよね。（単位：千円）

借）減価償却費　　　　　　　　200　／　貸）車両運搬具　　　　　　　　200

　ところが、一般的には少し違う仕訳の仕方をします。ここは注意が必要です。

　その説明ですが、実は、減価償却が行われた場合のB/S上の表示が関係しています。

　B/S上の表示としては、まず、

　　車両運搬具　800千円

と直接200千円を減額して表示する場合と、

　　車両運搬具　　　　1,000千円
　　減価償却累計額　　△200

というふうにクルマの元々の金額である1,000千円と、減った部分である200千円を２行に分けて表示する場合とがあります。この２つの表示方法は、両方とも認められています（なお、直接減額する場合は、200千円が減額されていることを注記で開示することになっています）。

　このことから、実は、減価償却の仕訳をする際、車両運搬具を直接右に書いて減らすという仕訳をするのではなく、「減価償却累計額」という科目を使って仕訳をするのが普通です。この場合「減価償却累計額」というのは、評価勘定といって、もっぱら固定資産の金額を減らすという意味を持つ科目です。その正体は「固定資産の減額部分」です。

借）減価償却費　　　　　　　　200　／　貸）減価償却累計額　　　　　　200

これが減価償却をする仕訳です。

＜減価償却＞　　つまり要約するとこうなる!

取引の例 （以下、金額単位は千円とする）

1月1日に車両1,000を購入した。
決算日（12月31日）に、減価償却を行う。
定額法。耐用年数5年。残存価値ゼロとする。

ヒント

当期において1年分、車両の価値が減る。1,000 ÷ 5年＝ 200千円

基本フォーム

①資産・負債の動きはどうなるか?
　⇒車両という資産が200減る。
②資産・負債の差額はどうなるか?
　⇒差額は200減る。⇒これは利益剰余金の減少である。⇒費用である。⇒「減価償却費」とする。

仕訳

減価償却費	200	/	減価償却累計額	200

B/S、P/L の動き

＜Before＞

B/S

車両	1,000		
		その他負債	11,000
その他資産	80,000	資本金	10,000
		利益剰余金	60,000
資産合計	81,000		81,000

P/L

その他費用	30,000	その他収益	50,000
当期純利益	20,000		
	50,000		50,000

＜After＞

B/S

車両	1,000		
減価償却累計額	△200	その他負債	11,000
その他資産	80,000	資本金	10,000
		利益剰余金	59,800
資産合計	80,800		80,800

P/L

減価償却費	200		
その他費用	30,000	その他収益	50,000
当期純利益	19,800		
	50,000		50,000

車両と減価償却累計額と合計ベースで200減って、
利益剰余金が200減った。

減価償却費が200増えて、
当期純利益が200減った。

＜ここで学ぼう「固定資産減損会計」＞

要は何をすることか？

　メーカーA社では、1年前に、ある製品（a品）を製造するための製造設備を10億円で買いました。減価償却については、定額法、耐用年数10年、残存価値ゼロで行うこととしました。購入から1年経った今では、帳簿価額は10億円－1億円＝9億円となります。

　ここで、a品の商売の状況が変わりました。投資を行った1年前はa品の販売が好調で、当然、十分に投資の回収ができると判断したので、10億円の製造設備への投資を行いましたが、その後、市場では、ライバルB社の新製品であるb品がとても画期的であるということで、市場を席巻し、a品の売上はひどく悪化してしまいました。

　このままではa品を製造するための設備9億円はとても回収できそうにありません。

　この場合、a品の製造設備を使い続けた場合、将来の製造販売による利益は57百万円とします。またこの製造設備をいま売却処分した場合の見積り金額は売却のための諸費用を差し引いて1億円とします。このケースでは、将来回収できそうな金額は最大でも売却した場合の1億円です。これに従って、製造設備の帳簿価額9億円を1億円まで減額することが求められます。これを減損といいます。

　減損というのは、「投資が回収できなそうな場合は、回収できるであろう金額まで固定資産の金額を減額すること」をいいます。固定資産自体はピンピンの新品同様だったとしても、商売で回収できそうにない場合は、回収可能な金額まで減額するわけです。固定資産自体の価値の低下を反映する減価

償却とは異なります。「投資の回収可能性の低下を反映する会計」というのがコンセプトです。

2006年3月期の決算から、日本の会社では、この固定資産減損会計が義務付けられました。ちなみに資産の時価評価をするいわゆる時価会計のコンセプトとは関係ありません。あくまで取得原価主義の枠の中で求められる処理です。

具体的な会計処理

減損は決算日に限らず、減損が必要と判断された場合には、その時点で減損を行う必要があります。

減損を行うかどうかについては、「減損の判定」という作業をします。

ただし、この「減損の判定」の前に、まずは下ごしらえとして、「資産のグルーピング」というのを行います。一つひとつの固定資産についていちいちこれから述べる「減損の判定」という作業をするのは大変なので、「減損の判定」を行う単位を、あらかじめ会社として決めておくのです。

この「資産のグルーピング」は、会社が商売を営む上で、どういう投資回収の範囲で経営者が通常、経営の意思決定をしているか、を基本に決めます。

例えば、多数のお店を有している会社でしたら、普通はお店ごとに採算を計算して出店を決めますし、開店後もお店単位で、いくら儲かっているかを把握しているはずです。この場合は1軒ごとの「お店」がグルーピングの単位となります。このことを「独立したキャッシュフローを生み出す最小の単位」という言い方をします。

この単位を決めるにあたっては、あるお店が順調かどうかは、他のお店の

調子に関係なく決まってくること（相互補完性がないこと）や、お店ごとに収支を把握できていること（継続的収支把握単位ができていること）などが条件となります。

　グルーピングが行われましたら、次の３つのステップを辿って、減損の判定を行います。

　①減損の兆候
　②減損の認識
　③減損の測定

＜減損の兆候＞

　ここで①の減損の兆候とは、文字通り、減損の兆しがあるかどうかを判定します。

　兆候があるかどうかは、以下の４つのどれかに該当するかどうかで判定します。

	内部要因	外部要因
定量的要因	２期以上キャッシュフロー（または営業損益）がマイナス。	市場価格の著しい低下。（帳簿価額より50％以上の下落）
定性的要因	使用の仕方が変わった。（回収可能価額を著しく低下させる場合）	外部環境の著しい悪化。

　上記のうちの１つでも該当すれば、「兆候あり」と判定されます。兆候あり、となったら、次の「減損の認識」のステップに進みます。兆候が無ければ、その資産グループについては、判定は終了です。

＜減損の認識＞

　減損の認識というのは、その資産グループを使って行っている商売によって将来会社に入ってくるであろうキャッシュフローの総額が、当該資産グル

ープの帳簿価額を下回っている場合には、「帳簿価額の全額を回収すること
が出来ないのは明らか」という判断をし、減損を「認識する」という判断を
することです。つまり、「減損するのかしないのか」を決めるステップです。

　　　将来の営業キャッシュフロー＜帳簿価額

　なら減損を認識する、逆の場合は、認識しないという判断をします。営業
キャッシュフローは経営計画に基づいて算定します。売上から売上原価、販
管費を引いた「営業キャッシュフロー」です。グループの中での主たる資産
の残りの耐用年数分の計画を作成し、キャッシュフローを算定します。

　減損を認識するという場合は、次の「減損の測定」のステップに進みます。
認識しないとなったら、そこで判定終了です。

＜減損の測定＞
　減損の測定というのは、「いくら減損損失を計上するか」を決めるステッ
プです。基本的なコンセプトは、「回収可能価額まで減額する」というもの
です。

　回収可能価額には2通りあります。

　一つは「使用価値」といいます。これは「商売に使用し続けたら、いくら
回収できるか」という考え方です。先ほど認識のところで経営計画を立てて、
回収見込みの営業キャッシュフローを算定しました。この将来のキャッシュ
フローを今度は現在価値※に割り引きます。この現在価値が回収できる金額
の「今の価値」だからです。

※現在価値とは：
　いま金利が2％とする。いまの100万円は、1年後には102万円、2年後には104.04万円となる。
　ここで、「いまの100万円の2年後の将来価値は104.04万円である」という言い方をする。逆に「2
　年後の104.04万円の現在価値は100万円である」という。ここで将来の金額の現在価値を計算す
　ることを「割り引く」という。ここでは104.04万円×$\frac{1}{(1.02)^2}$＝100万円となる。この$\frac{1}{(1.02)^2}$を

割引係数という。

　先ほどの認識のステップでは現在価値に割り引きませんでした。これは「割り引かないベースの名目的金額で合計しても帳簿価額に届かないということは、明らかに全額の回収はできないということだ」、という判定をするコンセプトでした。

　ここでの「測定」においては、具体的に固定資産の金額を減額しますので、理論値を正しく出す必要があるという考え方から、割引計算をします。ここで割引率はその商売のリスクを評価し、固有の割引率を判断して設定したり、資本コスト（その会社の資本と負債の加重平均の資金調達コストの％）を用いたりします。

　もう一つの回収可能価額は「正味売却価額」です。売却したらいくらで売れるか、という金額から、売却に要する諸費用を差し引いて求めます。

　この使用価値と正味売却価額のいずれか高い方まで減額する、というのが「減損の測定」のステップです。

　以上の減損の兆候、認識、測定の３つのステップをグループごとに辿る形で減損を行います。以下に例を示しましょう。

　製造設備を1,000百万円で取得したとする。
　この設備で１つのグループを構成するとする。
　残存耐用年数10年、定額法を採用しているとする。残存価値ゼロとする。

　取得から1年が経った。製造設備の帳簿価額は900百万円となった。
　(1,000 − 100 = 900)

＜減損の兆候＞

ここで強力なライバル品の登場により、この製造設備を使用する商売の外部環境が悪化し、減損の兆候ありと判定された。

＜減損の認識＞

この商売の経営計画を作成し、将来の営業キャッシュフローを算定したら、今後9年間で以下のようになった。

（単位：百万円）

	1年後	2年後	3年後	4年後	5年後	6年後	7年後	8年後	9年後	合計
営業キャッシュフロー	10	10	10	10	10	10	10	10	10	90

9年間分を単純合計すると90百万円となる。

将来キャッシュフロー　90百万円＜帳簿価額900百万円

なので、減損の認識をすると判定した。

＜減損の測定＞

使用価値と正味売却価額のいずれか高い金額まで減額します。

（使用価値）

上記の営業キャッシュフローの現在価値を算定します。割引率は10％とします。

	1年後	2年後	3年後	4年後	5年後	6年後	7年後	8年後	9年後	合計
営業キャッシュフロー	10	10	10	10	10	10	10	10	10	90
割引係数（割引率10％とする）	0.9091	0.8264	0.7513	0.6830	0.6209	0.5645	0.5132	0.4665	0.4241	
割引現在価値	9.091	8.264	7.513	6.830	6.209	5.645	5.132	4.665	4.241	57.59

よって割引現在価値は57.59百万円となる。

（正味売却価額）
一方、正味売却価額は100百万円と見積もられたとする。

この場合、正味売却価額の方が高いので、100百万円まで減額する。

900百万円－100百万円＝800百万円

が減額すべき金額となる。

製造設備という資産が800百万円減った。
他に資産負債の動きは無い。
よって、資産負債の差額は800百万円減った。
これは利益剰余金の減少である。費用の名前は「減損損失」とする。

仕訳の考え方はこうなる。（単位：百万円）

借）減損損失　　　　　　　800 ／ 貸）製造設備　　　　　　　800

＜固定資産減損＞　　つまり要約するとこうなる！

取引の例 （以下、金額単位は百万円とする）

1月1日に製造設備 1,000 を購入した。
決算日（12月31日）に減価償却をし、帳簿価額は 900 となった。
決算日（12月31日）に、減損の判定を行う。
結論として 800 減損することとなった。

ヒント

当期において 800、製造設備の価値が減る。

基本フォーム

①資産・負債の動きはどうなるか？
　⇒製造設備という資産が 800 減る。
②資産・負債の差額はどうなるか？
　⇒差額は 800 減る。⇒これは利益剰余金の減少である。⇒費用である。⇒「減損損失」
　とする。

仕訳

減損損失	800	／	製造設備	800

B/S、P/L の動き

＜Before＞

B/S

製造設備	1,000		
減価償却累計額	△100	その他負債	10,900
その他資産	80,000	資本金	10,000
		利益剰余金	60,000
資産合計	80,900		80,900

P/L

その他費用	30,000	その他収益	50,000
当期純利益	20,000		
	50,000		50,000

＜After＞

B/S

製造設備	200		
減価償却累計額	△100	その他負債	10,900
その他資産	80,000	資本金	10,000
		利益剰余金	59,200
資産合計	80,100		80,100

P/L

減損損失	800		
その他費用	30,000	その他収益	50,000
当期純利益	19,200		
	50,000		50,000

製造設備が 800 減って、
利益剰余金が 800 減った。

減損損失が 800 増えて、
当期純利益が 800 減った。

＜ここで学ぼう「リース会計」＞

要は何をすることか？

　例えば会社で、ある1億円の設備が必要になったとします。
　この設備を調達する方法はさまざまです。

　①現金1億円で買う。
　②1億円を借りて、買う。
　③リース会社から設備を借りる。

　ここで③の「設備を借りる」という方法ですが、世の中には「レンタル」とか「リース」という言葉があります。どちらも「モノを借りる」ことであり、厳密な定義はあるようでありません。一般的には、こんな感じです。

　○レンタルはごく短期間、リースは比較的長期間
　○レンタルはレンタル会社が持っている物件の在庫からユーザーが選ぶ。
　　リースはユーザーのためにリース会社が新たに物件を買う。
　○レンタルは中途解約できるが、リースはできない。

　リース取引の中にはこんな取引もあります。
　・物件の耐用年数ほぼいっぱいのリース期間であり、中途解約できない。
　・リース料の支払総額が、物件を借金して買うのと変わらない金額になる。

　こういうケースでは、結局、リースとはいいながら、その物件を借金して買うのと経済実態はほとんど変わりません。モノの貸し借りはリース、お金の貸し借りはファイナンスといいますが、こういう取引はリースと呼んではいるが、実態はファイナンスです。こういうリース取引を会計の世界では「ファイナンス・リース」といいます。

　ファイナンス・リースで借りた資産は、法的所有権はありませんが、実質的には資産を持っているのと同様であるという考え方により、会計上は、会社の資産としてB/Sに計上することになっています。これを「リース資産」といいます。同時に将来支払う将来のリース料総額についても、中途解約できないということはすでに支払義務があるということで負債に計上します。これを「リース債務」といいます。

　現在のルールでは、以下の２つのどちらかに該当する場合は、ファイナンス・リースとみなすことになっています。

（1）耐用年数の概ね75％以上に当たる期間がリース中途解約不能になっている。
（2）リース料総額の現在価値が物件を買う値段と比べて概ね90％以上にあたる。

　２つのどちらにも該当しない場合は、オペレーティング・リースといいます。この場合はリース資産とリース債務の計上はせずに単純にリース料の費用計上だけを行います。

　現行の会計基準では以上のように処理します。

【補足説明】
　さて、そもそもリースで借りた資産は、リース期間中は①借り手が自由に使用でき、②使用のメリットを享受でき、③他者の使用を排除できる、という点では、支配の３要件を満たしていますね。この点ではファイナンス・リースもオペレーティング・リースも理論的には同じといえます。よって国際会計基準ではすでにリース会計の基準が改訂され、原則的には、すべてのリースについてリース資産とリース債務をB/Sに計上することになりました。これを受けて、日本基準の改訂作業も進められているところです。

具体的な会計処理

　リースで設備を導入することとした。

　リース料総額は120百万円、その現在価値は100百万円。

　現金で買ったら100百円とする。

　耐用年数は10年、中途解約不能なリース期間は7年間とする。

　まずファイナンス・リースに該当するか検討する。

　（1）耐用年数の概ね75％以上に当たる期間がリース中途解約不能になってはいない。

　（2）リース料総額の現在価値が物件を現金で買う値段と比べて概ね90％以上にあたる。

　上記（2）に該当するので、ファイナンス・リースである。

よってリース資産とリース債務を計上する。

　リース資産という資産が100百万円増えた。

　リース債務という負債が100百万円増えた。

　資産負債の差額は変わらない。

借）リース資産　　　　　　　　100　／　貸）リース債務　　　　　　　　100

　ちなみにリース料総額の現在価値と、物件の見積り現金購入価格が異なる場合は、いずれか低い方の金額がリース資産として計上される。

　なお、リース資産は減価償却を行って減ってゆく。リース債務は支払いにより減っていく。

＜リース会計＞　　つまり要約するとこうなる!

取引の例 （以下、 金額単位は百万円とする）

リースで設備を導入することとした。

ファイナンス・リースと判定され、 リース資産計上額は 100 百万円とされた。

ヒント

ここではリース資産、 リース債務の計上の仕訳について考えることとする。

基本フォーム

①資産負債の動きはどうなるか?

　⇒リース資産という資産が 100 増えた。 リース債務という負債が 100 増えた。

②資産負債の差額はどうなるか?

　⇒差額は変わらない。

仕訳

リース資産	100	／	リース負債	100

B/S、 P/L の動き

＜Before＞

B/S

		その他負債	10,000
その他資産	80,000	資本金	10,000
		利益剰余金	60,000
資産合計	80,000		80,000

P/L

その他費用	30,000	その他収益	50,000
当期純利益	20,000		
	50,000		50,000

＜After＞

B/S

リース資産	100	リース債務	100
		その他負債	10,000
その他資産	80,000	資本金	10,000
		利益剰余金	60,000
資産合計	80,100		80,100

P/L

その他費用	30,000	その他収益	50,000
当期純利益	20,000		
	50,000		50,000

リース資産が 100 増えて、 リース債務が 100 増えた。　変わらない。
利益剰余金は変わらない。

<ここで学ぼう「資産除去債務」＞

要は何をすることか？

　会社が所有する建物や設備などの固定資産について、法律や契約によって、将来その資産を除去することが義務付けられているケースがあります。

　例えば、オフィスを借りている場合に、内装工事をした場合は、原状回復義務といって、退去するときにスケルトンといって元の状態に戻すことを賃貸借契約書で義務付けられていたりします。

　あるいは、その固定資産あるいはそれに含まれる有害物質等の除去が法律で要求されている場合があります。例えば、アスベストを使用した建物を保有している場合、法律によって必要な除去作業を行わなければならないケースなどです。

　この債務は、将来、実際に資産の除去工事をする時に計上するのではなく、資産を取得した段階で計上します。その理由は、法律や契約によって支払義務がすでに発生しているという考え方によるものです。

　またこの債務に見合う資産を同時に計上します。そしてそれを減価償却の対象にします。将来の除去の負担に相当する負債が増えたということは、お金を払ったのと同じように経済的負担が増えたことを意味します。これはお金を払ったのと同じく、当該資産の取得原価の一部であるとする考え方によります。

具体的な会計処理

　事務所スペースを賃貸契約して借りた。

　内装工事を行った。これには50,000千円掛かった。5年間で定額法で減価償却する（残存価値ゼロとする）。

　契約の定めにより、将来出ていく時には原状回復工事をする必要がある。その工事には10,000千円かかる見込みである。
　会社としては事務所スペースを5年間借りる予定である。

　内装工事を行った。（単位：千円）
　建物付属設備という資産が50,000増えた。
　現金という資産が50,000減った。
　資産負債差額は変わらない。

　借）建物付属設備　　　50,000　／　貸）現金　　　　　　　50,000

　資産除去債務を計上する。
　資産除去債務という負債が10,000増えた。
　建物付属設備という資産が10,000増えた。
　資産負債差額は変わらない。

　借）建物付属設備　　　10,000　／　貸）資産除去債務　　　10,000

　最初の減価償却を行う。
　建物付属設備という資産が12,000減った。（(50,000 + 10,000) ÷ 5 = 12,000）
　他に資産負債の動きは無い。
　資産負債差額が12,000減った。
　利益剰余金の減少である。費用の名前は減価償却費とする。

　借）減価償却費　　　　12,000　／　貸）建物付属設備　　　12,000

　上記の貸方は建物付属設備減価償却累計額でも良いです。

　なお、このうち、2,000の部分が資産除去債務と同時に計上した分の資産の減価償却に該当します（次ページ参照）。

＜資産除去債務＞　つまり要約するとこうなる!

取引の例　（以下、金額単位は百万円とする）

1月1日に建物付属設備 50,000 を取得した。
決算日（12 月 31 日）に減価償却をすでに行った。耐用年数 5 年、残存価値ゼロ、定額法とする。
決算日（12 月 31 日）に、資産除去債務 10,000 の計上を行うこととした。ついてはこれに見合う資産 10,000 の追加計上とその分の減価償却を行う。

ヒント

資産除去債務 10,000 および資産の追加計上 10,000 の仕訳と、資産の減価償却追加分 2,000 の仕訳を行う。

基本フォーム

（資産除去債務と見合いの資産の計上）
①資産・負債の動きはどうなるか?
　⇒資産除去債務という負債が 10,000 増えて、同時に見合いの資産 10,000 が増える。
②資産・負債の差額はどうなるか?
　⇒差額は変わらない。
（資産の減価償却（追加分）
①資産・負債の動きはどうなるか?
　⇒建物付属設備という資産が 2,000 減る。
②資産・負債の差額はどうなるか?
　⇒差額は 2,000 減る。⇒これは利益剰余金の減少である。⇒費用である。⇒「減価償却費」とする。

仕訳

| 建物付属設備 | 10,000 | / | 資産除去債務 | 10,000 |
| 減価償却費 | 2,000 | / | 建物付属設備 | 2,000 |

B/S、P/L の動き

＜Before＞

B/S

建物付属設備	50,000		
減価償却累計額	△ 10,000	その他負債	50,000
その他資産	80,000	資本金	10,000
		利益剰余金	60,000
資産合計	120,000		120,000

P/L

その他費用	30,000	その他収益	50,000
当期純利益	20,000		
	50,000		50,000

＜After＞

B/S

建物付属設備	60,000	資産除去債務	10,000
減価償却累計額	△ 12,000	その他負債	50,000
その他資産	80,000	資本金	10,000
		利益剰余金	58,000
資産合計	128,000		128,000

P/L

減価償却費（増加分）	2,000		
その他費用	30,000	その他収益	50,000
当期純利益	18,000		
	50,000		50,000

建物付属設備が 10,000 増え、減価償却累計額が△ 2,000 増えたので、結果的に 8,000 増えた。同時に資産除去債務が 10,000 増えた。利益剰余金が 2,000 減った。

減価償却費が 2,000 増えて、当期純利益が 2,000 減った。

【補足説明】

①厳密には、資産除去債務は割引現在価値で計上し、毎期利息相当分を増額するという処理をすることとなっていますが、ここでは割愛します。

②事務所スペースの原状回復義務の場合は、通常は資産除去債務に相当する金額を負債に計上する代わりに、敷金保証金（資産）から減額する形で処理します。

＜ここで学ぼう「金融商品会計」＞

要は何をすることか？

　金融商品の話をします。
　第２章で、金融投資の資産は時価で測定するのが基本、といいました。事業投資の資産は取得原価主義で、金融投資の資産は時価で測定するのが基本ということでした。忘れている人は第２章をちょっと振り返ってからここに戻ってくることをお勧めします。

　さあ、それでは詳しく見ていきましょう。

具体的な会計処理

　まずここで対象とする金融商品を挙げましょう。このセクションでは有価証券とデリバティブというもの２つを取り上げます。

＜有価証券＞
　有価証券とは、財産としての価値がある権利を表す証券のことです。
　有価証券の代表的なものとして、株式、国債、社債などがあります。

- 株式⇒株主としての権利を表す証券⇒株式を持っている人が株主である。
- 国債⇒国が借金していることを表す証券⇒国債を持っている人が債権者である。
- 社債⇒企業が借金していることを表す証券⇒社債を持っている人が債権者である。

　会社が資産としてこれらの有価証券を保有している時に、その有価証券を

どういう金額で資産に計上するかが問題となります。

　買った時は取得原価ですが、その後決算日ごとに、必要な評価をすることが求められています。これは有価証券を一定の分類を行って、分類ごとにやり方が決まっています。

（有価証券の分類）

　まず、有価証券を４つに分類します。

　①売買目的有価証券
　②その他有価証券
　③満期保有目的債券
　④子会社等株式

（子会社等株式の説明）

　説明の順序として、まず先に④から説明します。子会社等株式というのは、子会社と関連会社の株式という意味です。この④は「子会社株式」というくらいですから、連結財務諸表でなく単体の決算書における処理の話をしています（残り①②③は連結単体両方にあてはまります）。

　これについては、子会社株式等を取得原価で計上し、いわゆる時価評価はしません。ただし時価が著しく下落した場合は、減損の対象となります。例えば1,000千円で取得した子会社株式を減損するケースを例に説明します。

　子会社株式を1,000千円で取得した。（単位：千円）
　子会社株式という資産が1,000増える。
　現金という資産が1,000減る。
　資産負債差額は変わらない。

　借）子会社株式　　　　1,000　／　貸）現金　　　　　　　1,000

子会社株式の時価が400千円に下落した。

子会社株式という資産が600減る。（1,000 − 400 ＝ 600）

他に資産負債の動きは無い。

資産負債差額は600減る。

利益剰余金の減少である。費用の名前は「有価証券評価損」とする。

借）有価証券評価損　　　　　　　600　／　貸）子会社株式　　　　　　　　　600

　取得価額に対して時価が50％以上下落した場合は回復可能性があると認められる場合を除き減損は強制されます。30％以上50％未満の下落の場合は会社の設けた基準により減損の要否を判定します。

　さて、先に④を説明しましたので、残りは①②③の３つとなります。④以外の全ての有価証券を①②③に分けるのです。

（売買目的有価証券の説明）

　①の売買目的有価証券ですが、売買目的というのは、「いつか売るつもり」といった意味ではないんです。世の中に「トレーディング」という言葉がありますよね。このトレーディング目的で保有している有価証券が、この売買目的有価証券なんです。

　ではトレーディングとは何でしょう？

　トレーディングというのは、短期的な市場価格の変動に着目して、売買を繰り返し行い、利益を追求する行為を意味します。

　トレーディングを行う前提となっているのは、まずは活発な市場の存在です。その有価証券の市場価格が形成されており、繰り返し売買できるだけの取引量がないとトレーディングはできません。また会社としてこの利益追求行為を会社の事業目的の一つとして掲げていることも前提となるでしょう。イメージでいえば、トレーダーなどと呼ばれる専門職の人がいて、会社にトレーディングルームがあって、日々「売った」「買った」を繰り返している

イメージでしょう。

そう考えますと一般の事業会社のほとんどは該当しません。大手の金融機関や総合商社、エネルギー系の大企業などに実際は限られます。対象となるのは、株式、債券の両方が対象となり得ます。

この売買目的有価証券ですが、B/S上は時価で評価します。時価と帳簿価額の差額を評価差額といいますが、これは当期の損益に計上します（収益または費用とする）。これはいつでも売れるし、期末日までの時価の値動きによる損益は当期のトレーダーの業績（つまりは会社の業績）とみるべきであるからです。

売買目的の有価証券を1,000千円で現金で買った。

有価証券という資産が1,000千円増えた。
現金という資産が1,000千円減った。
資産負債の差額は変わらない。

仕訳はこうなります。（単位：千円）
借）有価証券　　　　　1,000 ／ 貸）現金　　　　　　1,000

決算日にこの有価証券の時価が1,200千円になった。

有価証券という資産が200千円増えた。
他に資産負債の動きは無い。
資産負債の差額は200千円増えた。
これは利益剰余金の増加である。収益の名前は「有価証券評価益」とする。

仕訳はこうなります。（単位：千円）
借）有価証券　　　　　200 ／ 貸）有価証券評価益　　　200

　売買目的有価証券の場合は、評価損益は常に損益に計上されるので、減損はする必要がありません。

（満期保有目的債券の説明）

　次に③の満期保有目的債券の説明をします。

　債券は、前述の国債や社債などの債券を指します。これは発行体から見れば一種の借金ですから、返済（償還といいます）の期日である「満期」というものがあります。満期が到来すると元本金額が債券の保有者に償還されます。満期までの間は通常は半年ごとなど、定期的に利息（クーポンといいます）が債券保有者に支払われます。

　債券保有者からみれば、債券のうち、満期まで保有するという意思を持って保有し、そういう分類にするぞと会社として扱いを決めたものが、「満期保有目的債券」です。

　満期保有目的債券は満期まで保有するわけですから、途中で売ることはありません。その有価証券の時価が変動しても、結局は満期に元本が償還されるだけですので、時価の変動は保有者には基本的に関係ありません。よって時価評価はしません。

　満期保有目的の債券を1,000千円で現金で買った。

　有価証券という資産が1,000千円増えた。
　現金という資産が1,000千円減った。
　資産負債の差額は変わらない。

　仕訳はこうなります。（単位：千円）
　借）有価証券　　　　　　1,000　／　貸）現金　　　　　　　　1,000

　決算日にこの有価証券の時価が1,200千円になった。

　有価証券の時価評価はしないので、何も資産負債に動きは無い。よって仕訳もない。

　満期保有目的債券も、著しく時価が下落した場合は減損の対象になります。

　なお、取得価額と将来償還される元本の金額との差額は、満期までの期間にわたって償却してゆくことになっています。有価証券の簿価を増やしてゆくのをアキュムレーション、減らしてゆくのをアモチゼーションと呼んでいます。有価証券の簿価の増減に伴う利益剰余金の増減は「有価証券利息」勘定などの収益・費用の科目で処理します。

（その他有価証券の説明）

　さて、最後になりましたが、①③④以外の有価証券が、「その他有価証券」②となります。

　実際には一般事業会社の場合、この「その他有価証券」を持っているケースが一番多いのです。なぜかというと、子会社等以外の**他社の株式を持っている場合は、ほとんどこのケース**になります（トレーディングを除いて）。

　その他有価証券ですが、B/S上は時価で評価します。でも時価と帳簿価額の差額である評価差額については、これを利益剰余金の増減とみなさず、従って当期の損益に計上しません（収益または費用としない）。

　これについては第2章の「会計上の資本の定義」の箇所でお話ししました。「その他の差額」、つまり「その他の包括利益累計額」の話です。ここも「そうでしたっけ？」という方は（最初のうちは何度も戻るのは当然です！）、ちょっと振り返ってからここに戻ってくることをお勧めします。

ではいきましょう。第２章とダブる部分もありますがご容赦下さいね。

その他有価証券を1,000千円で現金で買った。

有価証券という資産が1,000千円増えた。
現金という資産が1,000千円減った。
資産負債の差額は変わらない。

仕訳はこうなります。（単位：千円）
借）有価証券　　　　　　　　1,000 ／ 貸）現金　　　　　　　　1,000
ここまでは一緒ですね。

決算日にこの有価証券の時価が1,200千円になった。

有価証券という資産が200千円増えた。
他に資産負債の動きは無い。
資産負債の差額は200千円増えた。

では説明しましょう。
　ここで、保有する有価証券の価値が上がったのだから、200千円儲かった、利益剰余金が200千円増えたと言いたいところです。ところが、会計の世界の考え方としては、売買目的有価証券と違って、この有価証券はすぐ売るわけではない。いやいつ売るか分からない。相当長期持っているかもしれない。そうすると今は時価が上がったが、また下がるかも知れない。だから「儲かった」とは扱いたくない、ということなんです。「投資のリスクから解放されてない」という言い方をします。「利益剰余金が増えた」とはしないんです。
　それなら時価評価なんかしなければ良いですよね。でもそれはしたい。でも利益剰余金は増やしたくない、という訳の分からないニーズが生まれてしまったのです。

　こういうことを解決する方法として、資産と負債の差額について、「出資による差額」と「儲けによる差額」の他に「その他」という新ジャンルを設けることにしたんです。これが「その他包括利益累計額」というやつでして、「その他有価証券」の時価評価によって生じる資産負債の差額がその代表的なアイテムなんです。これを「その他有価証券評価差額金」といいます。

　仕訳はこうなります。（単位：千円）（ここでは税効果※は無視する）

借）有価証券　　　　　　　200　／　貸）その他有価証券評価差額金　200
※税効果とは税金への影響です。＜ここで学ぼう「税効果」＞で説明します。

　その他有価証券も著しく時価が下落した場合は減損の対象となります。
　その場合、「その他有価証券評価差額」でなく、「有価証券評価損」として費用に計上します。つまり利益剰余金が減少したとみなすのです。

＜デリバティブ＞

　さて、金融商品として、次にデリバティブについて説明しましょう。
　デリバティブというのは、正確な定義があるようでないんです。ちなみに日本語では金融派生商品といいます。

　デリバティブとはどんなものかを話しましょう。

　まずデリバティブというのは、契約です。デリバティブ契約といいます。

　為替予約が良い例です。会社と銀行との間で交わされるデリバティブ契約です。契約をした時点では特に現金のやり取りは発生しないことが多いです。でも契約ですから、当事者は権利を有して義務を負うことになります。

　為替予約の例として、今日から1年後の期日に、会社が百万ドルを1ドル105円で銀行から買う約束をした、というケースを考えてみましょう。

　その後、実際に1年後の期日が到来してみたら、当日のレートは1ドルが100円になったとしましょう。

　会社としては為替予約をしているので、銀行から1ドル105円で百万ドルを買うことになります。そのために105 × 1,000,000ドル＝ 105百万円の円貨を支払うことになります。

　会社は受け取ったこの百万ドルという外貨をその日に売れば、当日のレートは1ドル100円ですので、100 × 1,000,000ドル＝ 100百万円の円貨が入ってきます。

　会社からすれば105百万円が出てゆき、100百万円が入ってくるので、5百万円の損失となります。勝ち負けで言えば、この場合5百万円の会社の負けですね。

　このようにデリバティブというのは、（この場合は為替レートの変動により）勝ったり負けたりします。上記は負けた例です。デリバティブ契約が生み出す損益は、決済日当日を迎えた時点では、会社にとってマイナス5百万円になったわけです（ちなみに銀行にとってはプラス5百万円です）。

　デリバティブにはプラスやマイナスの価値があります。勝っていればプラス、負けていればマイナスの価値を有します。その価値は、ある特定の数値の変動（この場合は円ドルの為替レート）によって生じました。このようにある数値（この場合は円ドルの為替レート）が変動したことによって、デリバティブ契約の価値が増減する場合、その「ある数値」のことを基礎数値といいます（インデックスとも言ったりします）。

　「基礎数値が動くとデリバティブの価値も動く」ということを押さえておきましょう。

　実は、決済日にならなくても、為替レートというのは毎日動いていますね。「為替予約」というものにも市場がありまして、その「予約レートの相場」は日々動いています。それにより、まだ決済日は到来していないが、たとえば決算日の時点で、我が社のこの為替予約は２百万円勝っている（含み益のケースとか、１百万円負けている（含み損のケース）とか、そういうことが生じます。

　会計処理としては、デリバティブが勝っている時は、勝っている金額を「デリバティブ資産」として計上し、負けている時は「デリバティブ負債」として計上することが、会計の世界では求められています。

　この勝ち負けは、最初ゼロだった価値が新たに生まれたわけです。これも簿価と時価との差額である評価差額の一つです。売買目的有価証券と同様に、デリバティブの評価差額は当期の損益として処理することが求められています。売買目的有価証券同様に、デリバティブは原則として短期的な市場価格変動に着目した取引として扱われています。

　以上のことを仕訳で考えてみましょう。

　銀行との間で、１年後の決済日に１ドル105円で百万ドルを買う予約をした。
　契約を交わしたこの時点では、勝っても負けてもいないので、資産負債の動きは無い。
　仕訳もない。

　半年後、決算日を迎えた。2,000千円勝っているとする。
　デリバティブ資産という資産が2,000千円増えた。
　他に資産負債の動きは無い。
　資産負債の差額は2,000千円増えた。
　これは利益剰余金の増加である。収益の名前は「デリバティブ評価益」と

する。

　仕訳はこうなります。（単位：千円）
　借）デリバティブ資産　　　2,000　／　貸）デリバティブ評価益　　　　2,000

　こんな仕訳になります。これがデリバティブの通常の処理です。原則的処理といいます。

＜ヘッジ会計＞
　デリバティブの原則的処理は上でみたように、

・デリバティブ契約を時価評価し、デリバティブ資産（または負債）に計上する。
・評価差額は当期損益に計上する。

でした。これから例外的な処理を紹介しましょう。

「ヘッジ会計」と呼ばれる処理です。

　デリバティブ取引というのは、多くの実際の企業で、いわゆるリスクヘッジの目的に使っています。どういうことでしょう？

　1つの例を挙げましょう。

　会社が銀行から、固定金利5％で10年間の借入をしたとしましょう。
　元本は1億円としましょう。
　話を単純化するためにこの時点の市場金利も5％だったとします。
　ちなみに金利は1年ごとに銀行に払うとしましょうか。
　すると1回あたりの金利の支払額は1億円×5％＝5百万円となります。

　その後市場金利が下がって３％になったとします。

　すると会社としては５％の金利を約束してお金を借りているが、もし今借りれば３％で済んだものを５％払う約束をしてしまっているわけで、２％分は損をしたことになりますね。結果的に高金利の時に借り入れたことで、不利な金利負担をしてしまい、「支払利息」という費用が多くなったわけです。

　金利の下落により、損をした。ということです。

　こういうものを金利リスクといいます。ここでは市場金利の低下が会社にとって損失となりました。

　ここでリスクという言葉の説明をしておきましょう。

　金利が下がれば損をする。上がれば利益を得る。このように「損をするかも知れないが、利益を得るかもしれないという不確実性」のことをリスクといいます。この場合は、金利リスクがある、という言い方をします。

　この金利リスクを会社は回避したいと考えたとします。

　固定金利の借入金は、市場金利が下がると損をする。
　それがいやなら別途、市場金利が下がると得をするような仕組みを新たに導入すれば良い。

　このために、この新たな仕組みとして「金利スワップ」という取引を銀行との間で行うとします。

　金利スワップというのは、シンプルな例を挙げると、

　金利スワップ契約当事者間で合意されたある金額（想定元本といいます）を元に計算された、

想定元本×固定金利の利率＝固定金利の金額と、
想定元本×変動金利の利率＝変動金利の金額を
交換するという契約のことです。

固定金利でお金を借りた会社の場合、借入金と金利スワップを合わせてこうなります。

①「借入金」について、固定金利を貸し手に払う。
⇒その後、市場金利が下がれば損をする（割高な金利で借りていることになる）。

②「金利スワップ」を締結し、銀行に、「変動金利」を払い、「固定金利」を受け取る。
　⇒その後、市場金利が下がれば得をする（変動金利の支払より固定金利の受け取りが多くなる）。

経済効果としては、①と②を合計したらチャラになります。
　このように損失を避けるために、「損もしなければ得もしない」状態にすることを「ヘッジ」といいます。固定金利の借入金という取引を対象として（「ヘッジ対象」といいます）、金利スワップをヘッジの手段として利用しました（「ヘッジ手段」といいます）。これでヘッジに成功しました。

企業がおかれた環境により、本当のところ何がリスクで何がヘッジかという議論は実は奥が深いのですが、分かりやすい例を挙げれば、いまの話のようなことです。

この金利スワップという取引も、代表的なデリバティブ契約です。

金利スワップ契約では、一般には、固定金利と変動金利のキャッシュフローを交換します。交換するからスワップといいます。

　これを会計処理するとどうなるでしょうか？

　原則的な方法ですと、デリバティブが勝ったり負けたりすれば、デリバティブ資産あるいは負債が生じ、デリバティブ評価損益が発生します。

　一方、固定金利で借りている借入金は時価評価はしません。時価評価が求められるのは、通常は有価証券の一部とデリバティブくらいです。この場合、市場金利が下がれば損をしますが割高な金利で借りていることによる経済的損失は評価損として計上されることはなく、大きめの金額の支払利息が借入期間にわたって計上されるにすぎません。

　・デリバティブの評価益はP/Lに計上される。
　・借入金の評価損はP/Lに計上されない。

　そうすると会社全体のP/Lはデリバティブの評価損益だけを計上することになり、会社の実体を表さなくなります。実体はデリバティブの利益と借入金の損失を足してチャラですよね。

　そこで損益認識を実体と整合させるために、この場合はデリバティブの評価益を当期の損益に計上しないで（つまり「利益剰余金」に計上しない）、繰り延べる（つまり「その他の包括利益累計額」に計上する）というやり方をするのが「ヘッジ会計」です（詳細は省略）。

　デリバティブ資産が、1,000千円増えた。
　他に動きはない。

　という場合に、差額は「利益剰余金が1,000千円増えた」とせずに、
「その他の包括利益累計額が1,000千円増えた」とします。

　この場合は、「その他の包括利益累計額」の中の「繰延ヘッジ損益」という科目を使います。

　仕訳はこうなります（単位：千円）
　借）デリバティブ資産　　　　1,000　／　貸）繰延ヘッジ損益　　　　　　1,000

　ヘッジ会計は、あくまで例外的な処理であるとされています。リスクヘッジの方針が会社にとって具体的なレベルで明確にされており、個々のヘッジ取引の内容やヘッジで有効であることなどをきちんと文書で整備している場合にだけ認められている会計処理です。

＜ここで学ぼう「土地再評価差額金」＞

要は何をすることか？

　日本には近代化以降の経済の歴史が長く、かつ土地をたくさん持っている会社が多く存在します。そういう会社では大昔に安く買った土地がその後の値上がりで非常に高い価値になっていたりします。

　取得原価主義会計の下では、土地などは買った値段で計上され、減損することがなければそのままの金額でB/Sに計上されるわけですが、場合によってはあまりにも実態からかけ離れた安い金額のままになっているケースも多くありました。

　これについて、政策的見地から、法律を作って[1]、一定の条件[2]の下で土地を再評価し、実態に合ったB/S金額にする（増額する）ということが行われました。ただし、これは利益剰余金の増加とみなさず、「土地再評価差額金」という科目で純資産に計上することになりました。現在では「その他包括利益累計額」に含められています。

[1]　「土地の再評価に関する法律」（平成10年3月31日法律第34号、最終改正平成17年7月26日法律第87号）

[2]　大会社等の一定の会社が対象となった。当該法律の施行日（平成10年3月31日）から施行日後4年を経過する日までの期間内に1回だけ再評価することを認めた。

具体的な会計処理

　土地の取得原価を1百万円とする。
　土地の再評価額を100百万円とする。

　土地という資産が99百万円増えた。
　他に資産負債の動きは無い。

　資産負債の差額は99百万円増えた。

　差額の説明書きとしては、利益剰余金の増加とは認めない。その他包括利益累計額の増加として扱う。その名前は「土地再評価差額金」とする。（税効果はここでは無視する）

　　借）土地　　　　　　　99百万円　／　貸）土地再評価差額金　　　99百万円

となります。

＜ここで学ぼう「為替換算調整勘定」＞

要は何をすることか？

　海外にある子会社（在外子会社といいます）については、日本国内の親会社に連結する際に、海外の通貨で作成された財務諸表を日本円に換算する必要があります。

　この場合、
・在外子会社の資産負債については、決算日の為替レートで換算します。
・払込資本は出資を受けた時のレートで換算します。
・利益剰余金については、各年度の平均レートで換算します。

　以上の結果、B/S上、左右が合わなくなります。なお収益と費用については期中平均レートで換算されます。この左右合わなくなるのを埋めるのが「為替換算調整勘定」です。

具体的な会計処理

　例を挙げましょう。
　設立から2年経った在外子会社があるとします。いま第2期のB/S、P/Lを作るとします。

・資産は10,000ドル
・負債は4,000ドル
・資本金3,000ドル、利益剰余金は過年度分1,000ドル、当期分2,000ドル

・収益は50,000ドル、
・費用は48,000ドル、

・利益は2,000ドル

とします。なお、配当や増資は行っていないものとします。

・決算日レートは1ドル＝100円、
・第2期の期中平均レートは1ドル＝120円
・第1期の出資時のレートは80円、
・第1期の期中平均レートは90円

としましょう。連結財務諸表の上では、こうなります。

＜B/S＞
　資産＝10,000ドル×100円＝1,000,000円
　負債＝4,000ドル×100円＝400,000円
　資本金＝3,000ドル×80円＝240,000円
　第1期分の利益剰余金＝1,000ドル×90円＝90,000円
　当期中の利益剰余金の増加＝2,000ドル×120円＝240,000円

	在外子会社 B/S		（単位：円）
資産	1,000,000	負債	400,000
		資本金	240,000
		利益剰余金（第1期分）	90,000
		利益剰余金（当期分）	240,000
		???	30,000
	1,000,000		1,000,000

＜P/L＞
　収益＝50,000ドル×120円＝6,000,000円
　費用＝48,000ドル×120円＝5,760,000円
　利益＝　2,000ドル×120円＝　240,000円

ここで上記のB/Sの「？？？」に入るのが、「為替換算調整勘定」です。

　これは出資による差額とも、儲けによる差額とも言えませんので、「その他の包括利益累計額」に計上します。

＜ここで学ぼう「引当金」（退職給付に係る負債を含む）＞

要は何をすることか？

　例えば、社員の皆さんが将来退職する時に、退職金がもらえるとします。そういう社内規定を持っている会社は多いです。

　いま働いている社員の人たちは、すでに過去何年も働いたとします。この人たちはすでに退職金をもらえる権利を持っています。

　この場合、会社から見たら、すでにそのような社員に対して退職金を将来払う義務を負っているといえます。ただし実際に将来払う時期や金額はまだ確定していません。

　このように時期や金額が確定していないが、支払義務は負っているという時に、計上される負債が、引当金です。この場合は「退職給付引当金」（連結財務諸表では「退職給付に係る負債」と呼ぶ）という名称の負債を計上します[※]。

　ちなみに、引当金には、製品保証引当金、売上割戻引当金、賞与引当金、工事補償引当金、退職給与引当金、修繕引当金、特別修繕引当金、債務保証損失引当金、損害補償損失引当金、役員退職慰労引当金、リストラクチャリング引当金（構造改善引当金等）、などがあります。

　なお、すでに学んだ貸倒引当金はこの定義に当てはまりません。将来的には貸倒引当金という言葉はなくなるかもしれません。これは負債ではないからです。引当金は今日では時期や金額が未確定の「負債である」、と考えられています。貸倒引当金は、債権の価値の減少分について、「元の金額」と「減少分」と分けて表示するための「資産価値の減少金額」をそう「呼んで

いる」だけです。今後の議論次第ですね。日本の会計の考え方は引当金に資産をマイナス評価するものを含めてきましたが、国際会計基準では引当金はもっぱら負債とされていますので、将来日本でも名称が見直される可能性はあると思われます。

具体的な会計処理

退職給付引当金を100百万円計上することとした。

退職給付引当金という負債が100百万円増える。
他に動きはない。資産負債差額は100百万円減る。
利益剰余金の減少である。費用の名前は「退職給付費用」とする。

借）退職給付費用　　　　100 ／ 貸）退職給付引当金　　　　100

＜退職給付引当金＞　　つまり要約するとこうなる!

取引の例（以下、 金額単位は百万円とする）

決算日（12月31日）に、退職給付引当金を100百万円計上することとした。

ヒント

当期において初めて計上するが、単純化のために全額当期の損益で処理することとする。

基本フォーム

①資産・負債の動きはどうなるか?

　⇒退職給付引当金という負債が100増える。

①資産・負債の差額はどうなるか?

　⇒差額は100減る。⇒これは利益剰余金の減少である。⇒費用である。⇒「退職給付
　　費用」とする。

仕訳

退職給付費用	100	/	退職給付引当金	100

B/S、 P/L の動き

＜Before＞

B/S

		その他負債	10,000
その他資産	80,000	資本金	10,000
		利益剰余金	**60,000**
資産合計	80,000		80,000

P/L

その他費用	30,000	その他収益	50,000
当期純利益	**20,000**		
	50,000		50,000

＜After＞

B/S

		退職給付引当金	100
		その他負債	10,000
その他資産	80,000	資本金	10,000
		利益剰余金	**59,900**
資産合計	80,000		80,000

P/L

退職給付費用	100		
その他費用	30,000	その他収益	50,000
当期純利益	**19,900**		
	50,000		50,000

退職給付引当金が100増えて
利益剰余金が100減った。

退職給付費用が100増えて、
当期純利益が100減った。

【補足説明】

※連結財務諸表上は、平成25年4月1日以後開始する事業年度の年度末から名称が変更になり、「退職給付引当金」から「退職給付に係る負債」に変更になった。個別財務諸表上は従来からの「退職給付引当金」という名称のままになっている。

＜ここで学ぼう「税効果会計」＞

要は何をすることか？

　会計のルールと税法のルールは同じ箇所もありますが、異なる箇所もあります。

　そもそも両者の目的が違いますからルールが異なるのも当然です。会計の目的は、過去の実績を正しく報告して財務諸表利用者の将来予測の判断に資することですが、税法は徴税機会の確保と課税の公平を目的としています。

　具体的には主に何が異なるのでしょう？

　まず言葉遣いが異なります。

　会計の費用にあたる言葉を、税法では「損金」といいます。
　会計の収益にあたる言葉を、税法では「益金」といいます。
　会計の利益にあたる言葉を、税法では「所得」といいます。

　次にルールそのものの違いです。ルールが異なる箇所については、会計上と税務上の資産・負債の内容や金額は異なってきます（税務上というのは、「税法のルールに従った」という意味です）。

　この資産・負債の違いについては、翌年以降に違いが自動的に解消される、いわゆる期ずれのケース（一時差異）と、永久に解消されないケース（永久差異）があります。

　このうち一時差異について考えるべきことがあります。

　資産・負債が異なるということは、資産・負債の差額が異なってくるということです。差額が異なるということは、（出資による差額は同じですので）

「利益剰余金」や「その他包括利益累計額」が異なってきます。

　ということは、会計上の「利益剰余金が増えた」「その他の包括利益が増えた」というタイミングと、税務上の「所得が生じる」タイミングが異なってくるということです。この利益と所得のタイミングのずれにより、結果として（会計の立場から見た）「税金の前払い」や「税金の後払い」が生じるということです。

　「税金の前払い」は「繰延税金資産」という資産を計上します。将来の税金がその分安くなるという意味を持つ資産です。

　「税金の後払い」は「繰延税金負債」という負債を計上します。後から払う義務であり負債です。

　このように処理します。

・会計上と税務上の資産・負債に違いが生じる（ルールの違いによって）。
・仮に上記違いが一時差異であるとする（⇒税金の前払や後払が生じる）。
・「繰延税金資産」や「繰延税金負債」を計上する。
・資産と負債の差額が増減する。
・差額の増減が利益剰余金の増減となる場合は、収益・費用も計上することになる。
・差額の増減をその他の包括利益累計額の増減とみる場合は、その他の包括利益の増減で処理する。

　「繰延税金資産」「繰延税金負債」の計上に伴って計上される収益・費用の科目については、収益・費用どちらにも使える「法人税等調整額」という科目を使います。

　また「繰延税金資産」「繰延税金負債」の計上によって「その他の包括利

益累計額」が増減する場合は、その中の具体的科目、例えば「その他有価証券評価差額金」などを使います。

具体的な会計処理

　例を挙げて説明しましょう。

　決算日が３月31日の会社があったとします。

　この会社で、ある年の３月31日に営業部が100名集まって、都内のあるホテル会場を借りて、ランチを食べながら来年度へ向けての決起集会を行いました。費用の総額は約200千円と見積書にありますが、実際の請求書は決算作業中にまだ到着していないので正確な金額は分かりません。なお、税率はシンプルに40％とする。（単位：千円）

　このような決算日現在の金額が未確定な負債については、会計上は見積りで例えば「未払金」という負債を200計上します。しかし法人税法ではこのような未確定債務は計上が認められませんので、計上しません。

　よって会計上でだけ、この部分の「未払金」という負債を200計上することになります。税務上はこの未払金はないものとみなされます。これを踏まえて、以下のように考えていきます。

・会計上の利益剰余金は、税務上のそれよりも200小さくなっている。
・会計上の当期の利益は、税務上の当期の所得よりも200小さくなっている。
・会計上の当期の利益よりも税務上の当期の所得の方が200大きい。だから会計の立場から見れば、当期は80多く税金を払う義務が生じる。（200×40％＝80。なお、翌期は税金がその分安くなる）
・これは会計の立場から見たら、税金を80前払いしているのと同じである。
・だから「繰延税金資産80」を計上する。また法人税等調整額80を計上する。

繰延税金資産という資産が80千円増える。

他に資産負債の動きは無い。

利益剰余金が80千円増える。収益の名前は「法人税等調整額」とする。

借）繰延税金資産　　　　　　80 ／ 貸）法人税等調整額　　　　　　80

となります。

これは一つの例で、様々な一時差異があります。

＜税効果会計＞　　つまり要約するとこうなる!

取引の例　（以下、 金額単位は千円とする）

決算日（3月31日）に、未確定債務が200あった。これについて税効果を認識する。実効税率は40%とする。

ヒント

単純化のため、前期は一時差異はなかったとする。また来期以降の利益は充分に見込まれるとする。

基本フォーム

①資産・負債の動きはどうなるか?

　⇒繰延税金資産という資産が80増える。

②資産・負債の差額はどうなるか?

　⇒差額は80増える。⇒これは利益剰余金の増加である。⇒収益である。⇒収益の名前は「法人税等調整額」とする。

仕訳

繰延税金資産	80	／	法人税等調整額	80

B/S、 P/L の動き

＜Before＞

B/S

		その他負債	10,000
その他資産	80,000	資本金	10,000
		利益剰余金	**60,000**
資産合計	80,000		80,000

P/L

その他費用	30,000	その他収益	50,000
当期純利益	**20,000**		
	50,000		50,000

＜After＞

B/S

繰延税金資産	80		
		その他負債	10,000
その他資産	80,000	資本金	10,000
		利益剰余金	**60,080**
資産合計	80,080		80,080

P/L

		法人税等調整額	80
その他費用	30,000	その他収益	50,000
当期純利益	**20,080**		
	50,080		50,080

繰延税金資産が80増えて
利益剰余金が80増えた。

法人税等調整額が80増えて（収益の方向）、
当期純利益が80増えた。

【補足説明】

　ここで、繰延税金資産は、将来税金が安くなるという意味の資産といいました。ですから「繰延税金資産」を計上するというのは、来期以降、会社が儲かり、税金が掛かることを前提としています。しかし来年は赤字が想定される場合は、来年度の税金が安くなるということは起きません。よって来年度以降の会社の業績が儲からなさそうな場合には、繰延税金資産を計上して良いのか、という疑問が生じます。実務の世界では会社によっては、繰延税金資産の計上の可否をめぐって経営者と監査法人との間などで厳しい論争が起きることもあります。

＜ここで学ぼう「のれん」＞

要は何をすることか？

　ある会社が別の会社を取得することがあります。

　具体的には、2つ以上の会社が1つになる「合併」（Merger）、別の会社の株式を過半数取得することで子会社にする「買収」（Acquisition）などが代表的です。この合併と買収を総称して「M&A」といいます。それ以外にも、さまざまな方法があります。

　例えば、取得する対象の会社の資産が50億円、負債が20億円とします。差額の30億円がその対象会社のいま現在の正味の価値となります。ここで資産50億円には含み益を抱えているものがあり、これを時価評価すると資産は60億円になるとします。実際にこの会社を取得するために支払った金額は50億円であったとします。

　取得する側からみれば、資産60億円と負債20億円を手に入れました。支払った対価は50億円です。

　この場合、「支払金額50億円−（資産60億円−負債20億円）＝10億円」の金額10億円は何を買ったとみなすべきでしょうか？　いわば将来性を買ったといえます。この部分を「のれん」と呼びます。つまり10億円の「のれん」という資産を買ったとみなす処理をします。

具体的な会計処理

　合併を例に説明しましょう。他の買収等でも基本的な考え方は同じです。

＜合併のケース＞

　A社はB社を吸収合併しようとしている。

　B社の資産は合計50億円であり、その時価は60億円である。

　B社の負債は合計20億円であり、その時価は同じ20億円である。

　合併するためには、A社の株式を発行してB社の株主に渡す必要がある。そのA社株式の価値は50億円である。A社株式を50億円分、B社の株主に渡すということは、B社を取得する対価として払うということである。対価の支払いは現金だけではなく、このように株式を使う場合などもある。B社株主はいまやA社株主となった。B社という財産をA社に出資したようなものである。

　ここで「のれん」は「支払金額50億円－（資産60億円－負債20億円）＝10億円」となります。

　注意して欲しいのは、取得するB社の資産の金額です。B社の帳簿ではB社における取得原価主義会計の下で帳簿価額は50億円でした。今回A社が新たに取得するにあたり、これはA社株式50億円と引換に、時価60億円の資産および20億円の負債を取得することになります。つまりA社における取得原価主義会計の下では、このB社資産の取得原価は60億円となるのです。なお負債は20億円で変化なしです。

　この場合、

　B社の資産だった資産がA社のものとなるので、A社にとっては、

　資産が60億円増えた。

　負債が20億円増えた。

　のれんという資産が10億円増えた。

　資産負債の差額は50億円増えた。

　これは株式を発行するので、出資による差額の増加である。資本金で処理することにする（単位：百万円）。

| 借）資産 | 6,000 | ／ | 貸）負債 | 2,000 |
| のれん | 1,000 | ／ | 資本金 | 5,000 |

　となります。ちなみに上記の資産、負債というのは、もろもろの科目の合計値であり、実際の仕訳では各勘定科目をそれぞれ書くことになります。次ページの図表の上では「諸資産」「諸負債」としました。

　A社の貸借対照表上、もろもろの資産が60億円増え、さらに「のれん」という資産が10億円計上され、もろもろの負債が20億円増え、資本金が50億円増えることになります。これが合併の会計処理です。買収でもそれ以外の取得の手段でも「のれん」の基本的な考え方は同じです。

＜のれん＞　　つまり要約するとこうなる!

取引の例　（以下、 金額単位は百万円とする）

当社（A 社）では、B 社を吸収合併する。
B 社の合併直前の B/S は以下の通りであった。

B 社　B/S

諸資産	5,000	諸負債	2,000
		資本金	1,000
		利益剰余金	2,000
資産合計	5,000		5,000

ここで、B 社資産の中には含み益を抱えているものがあり、時価評価すると諸資産合計で 6,000 百万円となる。
合併にあたり、B 社株主に対して渡される A 社株式の時価は 50 億円である。

ヒント

B 社の資産負債を、A 社の帳簿に計上する仕訳が問題となる。

基本フォーム

①資産・負債の動きはどうなるか?
⇒諸資産が 6,000 百万円増える。諸負債が 2,000 百万円増える。のれんという資産が 1,000 百万円増える。
②資産・負債の差額はどうなるか?
⇒差額は 5,000 百万円増える。⇒これは出資による増加である。⇒「資本金」とする。

仕訳

諸資産	6,000	／	諸負債	2,000
のれん	1,000	／	資本金	5,000

B/S、 P/L の動き

＜Before＞

B/S

		諸負債	10,000
諸資産	80,000	資本金	10,000
		利益剰余金	60,000
資産合計	80,000		80,000

P/L

諸費用	30,000	諸収益	50,000
当期純利益	20,000		
	50,000		50,000

＜After＞

B/S

諸資産（B）	6,000	諸負債（B）	2,000
のれん	1,000	諸負債	10,000
諸資産	80,000	資本金	15,000
		利益剰余金	60,000
資産合計	87,000		87,000

P/L

諸費用	30,000	諸収益	50,000
当期純利益	20,000		
	50,000		50,000

諸資産が 6,000 増えて、のれんが 1,000 増えて、諸　変わらない。
負債が 2,000 増えた。
資本金が 5,000 増えた。利益剰余金は変わらない。

　この「のれん」は日本の会計基準では20年以内の期間を決めて規則的に償却することになっています。つまり年々金額を減らします。米国基準や国際会計基準ではこの償却はしません。なお、それとは別に、日本基準、米国基準、国際会計基準のいずれも、のれんの価値が回収できないと判断したら回収できない金額だけ「減損」を行うことになっています。

【補足説明】

①ちなみに資産負債の差額よりも安い値段で会社を取得するケースもあり得ます。この場合は「負ののれん」といいますが、負債に計上することはせずに、利益剰余金の増加（つまり「負ののれん発生益」という収益）で処理します。負債、つまり支払義務があるわけではないからです。

②買収の場合は対象会社を子会社にすることを意味しますので、会計基準としては、「連結財務諸表に関する会計基準」がその扱いを定めています。合併の場合は１つの会社になることを意味しますので、連結は関係なく、「企業結合に関する会計基準」がその扱いを定めています。

＜ここで学ぼう「連結」＞

要は何をすることか？

いわゆる企業グループという言葉があります。

親会社がいて、いくつかの子会社があったりします。この親会社を頂点とする企業グループ全体を1つの会社のようにみなして、グループ全体のB/SやP/Lなどを作成することが、上場企業などには求められています。このグループ全体（つまりは合算）の財務諸表を「連結財務諸表」といいます。

具体的な会計処理

いくつか、言葉の整理をしましょう。

「子会社」という言葉があります。**子会社というのは、親会社が実質的に支配している会社です**。支配というのは会社の重要な意思決定を行う機関を支配するということです。具体的には株主総会で会社の最も重要な意思決定をしますので、この株主総会の決議を支配しているかどうかが通常は焦点となります。もし株主総会の議決権の過半数を親会社等が保有すれば、決議にあたり常に多数派になれるわけですから、支配しているといえます。ただし、いまの会計ルールでは、必ずしも過半数の議決権を持たなくても、重要な契約その他なんらかの形で親会社が対象会社を実質的に支配していれば子会社とみなすことになっています。これを実質支配力基準といいます。支配しているかどうかは、多分に経営者の判断に依存します（その判断が妥当かどうかは監査人が判断します）。

子会社は原則として「連結」します。つまり子会社のB/SやP/Lを合算します。

　この時に親子会社の間で行われている取引などについては、グループの内部で行われていることですので「無かったこと」にする調整を行います。いわば自分の体の中のやり取りであり、外から見たら無いのと同じだからです。これを「相殺消去」といいます。

　例えば親会社から子会社にいくら商品を売り上げても、連結財務諸表の売上が増えることはありません。グループを1つの会社とみなしていますから、グループ内の取引というのはいわば社内の部門間の取引と一緒である、という考え方です。

　連結の例を示します。子会社の資産を200億円、負債を100億円とします。その子会社の株を親会社は100億円で買って子会社株式100億円を計上していたとします。

　連結B/Sを作る際、
　・子会社の資産200億円と負債100億円を連結B/Sに計上します。
　・一方で子会社株式100億円を消去します。

　もし子会社の資産負債の差額よりも高い金額（120億円）で子会社株式を取得して いた場合には、
　・子会社の資産200億円と負債100億円を連結B/Sに計上します。
　・一方で子会社株式120億円を消去します。
　・「のれん」（20億円）を計上します。

　その後、連結の対象となった以降に子会社が利益剰余金を稼いだ分は、連結上も利益剰余金として扱います。

　さて、子会社の株式を全部ではなく、例えば60％だけ取得したというケースがあります。この場合、親会社のB/Sにもともと資産として計上されて

いる子会社株式は60％分です。一方、合算する方の子会社の資産負債は60
％に縮小するわけではなく、100％の金額で合算します。この場合、60％分
の子会社株式を消し、100％分の資産負債を計上することになりますから、
40％分はつじつまが合いません。消去される子会社株式が60億円、新たに
登場する資産が200億円、負債が100億円とします。

　　資産⇒子会社株式60億円を消す。子会社の資産200億円を計上する。
　　　　　ネット140億円の資産の増加である。
　　負債⇒子会社の負債100億円を計上する。
　　　　　ネット100億円の負債の増加である。

　すると資産負債の差額は40億円増える。これは親会社（支配株主）でな
く外部の株主の持ち分であるので、「非支配株主持分」として連結B/Sに計
上する、というやり方をします。

　P/Lについても同様です。子会社のP/Lは60％に縮小せずに100％の金額
のまま合算します。そうすると当期の純利益が例えば10億円だった場合に、
その40％にあたる4億円は外部の株主に帰属する部分です。この場合、連結
損益計算書の末尾で、非支配株主に帰属する当期純利益が4億円であること
が分かるように表示します。

　次に、「関連会社」という言葉があります。**関連会社というのは親会社が
実質的に影響を与えている会社です**。株主総会の議決権でいえば、20％か
ら50％の保有割合がそれにあたります。ただしここでも、必ずしも20％に
満たなくとも、実質的に影響を与えている事実があれば関連会社として扱い
ます。これを実質影響力基準といいます。これも多分に判断に依拠します。

　関連会社は「持分法」の対象となります。持分法というのは、連結のよう
にB/S、P/Lを合算するということはしません。どうするかというと、例え
ば30％を出資している関連会社があったとします。その関連会社が当期は

10億円の純利益を計上しました。この場合、10億円のうち、持ち株割合30％に応じた3億円はグループの利益と言えますよね。よってグループの利益として計上します。具体的には、以下のようにやります。

　関連会社株式という資産が3億円増えた。

　他に資産負債の動きは無い。

　資産負債の差額は3億円増えた。

　これは利益剰余金の増加である。収益の名前は「持分法による投資利益」とする。（単位：百万円）

借）関連会社株式　　　　　　300　／　貸）持分法による投資利益　　　300

となります。

＜持分法＞　つまり要約するとこうなる！

取引の例 （以下、 金額単位は百万円とする）

当期に 30％を出資している関連会社が 1,000 百万円の利益を計上した。
当期の利益について、持分法の適用を行う。

ヒント

もともとこの関連会社の株式は 1,000 百万円で計上されていた。

基本フォーム

①資産・負債の動きはどうなるか？
　⇒関係会社株式という資産が 300 増える。
②資産・負債の差額はどうなるか？
　⇒差額は 300 増える。⇒これは利益剰余金の増加である。⇒収益である。⇒「持分法
　　による投資利益」とする。

仕訳

| 関係会社株式 | 300 | ／ | 持分法による投資利益 | 300 |

B/S、 P/L の動き

＜Before＞

B/S

関係会社株式	1,000		
		諸負債	11,000
諸資産	80,000	資本金	10,000
		利益剰余金	60,000
資産合計	81,000		81,000

P/L

諸費用	30,000	諸収益	50,000
当期純利益	20,000		
	50,000		50,000

＜After＞

B/S

関係会社株式	1,300		
		諸負債	11,000
諸資産	80,000	資本金	10,000
		利益剰余金	60,300
資産合計	81,300		81,300

P/L

		持分法による投資利益	300
諸費用	30,000	諸収益	50,000
当期純利益	20,300		
	50,300		50,300

関係会社株式が 300 増えて、
利益剰余金が 300 増えた。

持分法による投資利益が 300 増えて、
当期純利益が 300 増えた。

　なお、「子会社」と「関連会社」を総称して「関係会社」といいます。この辺の言葉遣いはいちいち正確にするようにしましょう。また子会社株式と関連会社株式は通常合計して「関係会社株式」とします。

＜ここで学ぼう「製造業と建設業の会計」＞

要は何をすることか？

　製造業や建設業では、独特の科目を使います。主なものを解説しましょう。

＜棚卸資産＞

　会社が保有する在庫のことを通常は商品といいます。

　商品というのは、完成している品物を売るつもりで保有している場合、それを「商品」といいます。

　製造業では、自社で製造したものは「製品」といいます。

　作るための原材料は「原材料」、作っている途中のものは「仕掛品」といいます。

　建設業では、通常工事中の建物の所有権は建設業者にありますが、これは製造業でいうところの仕掛品にあたります。これを「未成工事支出金」といいます。

＜売上高＞

　通常、売上高というところを、建設業では「完成工事高」といいます。製造業は「売上高」で通常と同じです。また建設業では工事に数年間を要することもあります。この場合、一定の要件を満たす場合は、完成引渡し時に売上を計上するのではなく、「収益認識に関する会計基準」に従って、複数の会計期間にまたがって収益を認識することも多くあります。

| コラム 3 | いま起きている時代の変化と
アカウンタビリティの近未来について |

企業のビジネス環境の変化を大きく振り返ってみよう。

　近年の企業環境の変化については、読者の皆様におかれましても、それぞれのお考えをお持ちのことと思います。変化の振れ幅が大きく、速く、複雑で、予測が困難です。人によって見方が分かれます。

　ここでは筆者の私見を参考までに述べさせて頂きますので、読者の皆様はご自身の見方と照らし合わせて頂ければと思います。広い意味での「会計」や「情報開示」のあり方に関係してくる話ですので、本書でも取り上げる次第です。

**　まず、時代の変化を感じさせるワードをいくつか並べてみることにします。**

　いま何が起きているのでしょうか？

・ブラックスワン・リスク

　ブラックスワンというのは黒い白鳥、黒鳥のことです。

　会話の中で「黒い白鳥を探すようなものだ」というふうに、「存在しないものの例え」として古くからこの言葉は使われてきていたところ、1697 年にオーストラリアで本当に黒鳥が見つかったことから、「あり得ないことが起きる」ことの例えとして使われるようになりました。同名タイトルのナシーム・ニコラス・タレブ氏の著書が有名です。

　東日本大震災、福島の原発事故、リーマン・ショック、コロナ禍、ロシア・ウクライナ戦争など、確かにブラックスワンと呼びたくなるような出来事が、ここのところ、挙げたらきりがないほど多く発生しているように思えます。

　企業が何か新しいことを始めようとするとき、痛い目にあう前に手を打つ能力が重要になってきます。いわゆるリスク管理能力です。ブラックスワンまでを想像するのは非常に大変ですし、100 点満点は無理でしょうが、良い訓練になりますし、日常の思考の低い天井を取っ払って空を仰ぐような視点に立った想像力が欲しいところです。

　既存事業をそのまま継続するだけなら、リスク管理能力が多少低くても実は大丈夫です。過去に無数の痛い目にあった経験からすでに学んでいるからです。でも、そういう生き方がもう許されなくなった業界や会社が増えています。

　新しいことにチャレンジするときに、「まずは痛い目にあってから学ぼう」では会社の身が持ちません。すべてを事前に察知するのは無理ですが、「痛い目にあってから学ぶ」と「痛い目にあう前に学ぶ」のバランスの取り方が重要になってきます。企業のリスク管理への関心が日々高まっているのはこういう背景があるのだと思います。

　いまようやく「やっているフリのリスク管理」や「やらされているリスク管理」を自分たちの意思で卒業する日本企業が増えています。筆者はその動きを感じています。一方で「リスク管理なんてやっていたら商売はできないよ」といった、頭の中の鎖国をしているような日本企業もまだまだあります。二極化の印象です。また一つの会社の中でも、経営者の意識が低い場合、意識の高い社員が大変苦労していたりします。社内でも二極化です。

・中央集権から権限移譲へ

　企業の話とは別の話ですが、世界の軍隊における統制の考え方が、第二次世界大戦後大きく変化したという話を聞いたことがありますか？

　先の大戦の頃までは、日本もナチスドイツも連合軍も、本部が前線に指示（コマンド）を飛ばし、コントロールするという統制のスタイルだった。し

かしベトナム戦争あたりから状況が変わってきた。現場で起きることというのは、例えば民間人か兵士か分からない相手が突然ゲリラ攻撃を仕掛けてくることもある。いちいち本部に指示を仰いでいたらとても間に合わない。そういう状況になってきたということです。その後、湾岸戦争が大きな転換点になったそうですが、英語でまともに意思疎通することもままならない部隊同士が多国籍軍として共同作戦行動をとらなければならない。いちいち本部に指示を仰いでいたら間に合わない、ということです。

そこで現地の指揮官にミッションを与えて「任せる」という統制スタイルにシフトしていった。「ミッションを与える」と同時に、「制約を課す」というスタイルです。ミッションは頭に刻み込める短く分かりやすい言葉で定義されます。制約とは、本部の了解なしにやってはいけないことなど、ミッションを遂行する際に満たさねばならない条件です。相手の経験や能力を見極めて制約を課す。その後「相手の成長を見極めながら制約を外していく」、という方法で人材を育成する。制約を達成した上でのミッション達成でなければミッションは成功したとはみなしてもらえない、という厳しく分かりやすい考え方です。

この考え方の変化は、企業経営の世界にも大きな影響を与えたように見えます。環境変化が複雑化、多様化、スピード化、専門化、現地化する中で、本社チームがいかに優秀でも、世界中に具体的な指示を飛ばすことがもはや限界に達してきた。いま世の中全体としては、中央集権から権限移譲へという大きな流れが起きているように思えます。もちろん例外的な事象や逆方向の変化もありますが、そう感じています。さらに、次のワードの変化も起きました。

• ルールベースからプリンシプルベースへ

中央集権から権限移譲へという流れに加えて、最近では「ルールベースからプリンシプルベースへ」という言葉が良く聞かれるようになりました。日本政府からも聞こえてきます。

　この 2 つの語の意味について、「細かいことまで定めたのがルール。主要なポイントだけを書いたのがプリンシプルだ」と思っている人が結構多いようですが、実はそうではありません。ルールとプリンシプルの違いは規定の詳細さのレベルの違いではありません。

　ルールというのは「指示」なんです。「やってはいけないこと」「やらなければいけないこと」を具体的に指示したものです。プリンシプルというのは原理原則です。これは指示ではなく、「任せる」ときに使われる概念です。上記のように大きな環境変化の中で企業が変化に対応して、付加価値を生むためには、我が社あるいは我が部門に合った「任せる」のあるべき姿について、いま一度真剣に議論することが重要と考えています。

　「ルール・マニュアルによる支配」や「力による支配」で生きて来た人たちはどうしても「指示待ち」「イエスマン」になりがちです。「原理原則による支配」が成立するための前提条件は「アカウンタビリティ能力」でした（【コラム 1】「3 つの支配」をお読み下さい）。社内のアカウンタビリティ教育、多くの日本企業にとって、いまこれがとても重要だと筆者は考えています。アカウンタビリティ能力の育成ができていないのに表面的に原理原則ベースを採用すると必ず事故が起こります。

・SDGsとESGのトレンドと企業経営への影響

　いまは小学 1 年生が小学校で SDGs について教わっています。お父さん、お母さんにとっては最近出てきた流行り言葉でも、子供たちにとっては人格形成の初期に教わる「当たり前の大切なこと」なんですね。そんな子供たちが未来を創っていく。

　まあすっかりメジャーになった感がありますね。テレビからも注釈なしでどんどん聞こえてくる言葉です。

　説明不要かもしれませんが、SDGs というのは、「持続可能な開発目標（Sustainable Development Goals）」の略で、人々が地球環境や気候変動などに配慮しながら、持続可能な暮らしをするための、世界共通の行動目標として 2015 年 9 月の国連総会で採択されたテーマです。貧困の解消や環境保全、格差の是正など 17 の目標と、169 の関連ターゲットからなり、2030 年までの達成を目指すものです。

　温暖化の問題や資源の有限性などの世界的課題に関する人々の関心は確かに高まっていると私も思いますが、企業経営としてはこの大きな動きをチャンスと捉えて成長に役立てたいところです。同時にチャンス（機会）はリスクと表裏一体ですので、変化の激しいこの時代にリスク管理能力を高めたいところです。いずれにせよ、「しぶしぶ流行についていく」企業にとってはろくなことにはならない動きだと思います。商売人だったら逆手にとって、利益を生みたいですし、世界がそれを望んでいるわけです。そして、やるなら「戦っているフリをする」のではなく、「本当に勝ちにいく」のでなければ、企業競争としては意味がありません。

　宮本武蔵は太陽を背にして戦ったといいます。相手が陽光がまぶしくて戦いが有利というだけではなく、太陽を味方につけた者が勝つというのは、勝負の世界において普遍性があるように思います。いまの時代、SDGs というものを太陽とみるかどうかだと思います。

　これと並行した大きな動きとして ESG（Environment, Society and Governance）があります。これは次のような考え方に立っています。

Environment「企業が外部に対して『マイナス』をもたらしていないか？」

　企業がいま得ている利益が、外の誰か（何か）を犠牲にして得ている利益であるならば、それには永続性は認められない、という考え方です。ここで「外部」とは、一般的には温暖化を含む地球環境を指すことが多いですが、

必ずしもそれに限定するのではなく、人や団体や地域など、企業の「外」全般と捉えるべきと思います。「マイナス」とは「外部不経済」などともいわれます。この「外」を Environment と呼んでいます。

Society「企業の内部で働いている人たちに『マイナス』を与えていないか？」

その企業だけでなく、下請け、グループ会社、あるいは他社であっても、商流における下流、上流を含めて、サプライチェーン全体の内部で「働いている誰か」を犠牲にして、いまの利益を得ているという企業ならば、そんな利益に永続性は認められないという考え方です。そこから広げて、人間に対する考えや行いが問われます。

Governance 外に向けての「E」、内に向けての「S」、その両方への取り組みを 20 年、30 年の長期にわたって推進するエンジンとなるものが「ガバナンス」であるという考え方です。

企業がこの 3 つを重視した経営をすることを「ESG 経営」といいます。また機関投資家が ESG 経営をする企業に積極的に投資をすることを「ESG 投資」といいます。世界的な大きな潮流としてこの動きが確かに存在しています。2014 年の段階でヨーロッパでは資本市場全体の中でこの ESG 投資の占める割合が過半数に達し、それ以降、「ESG 投資」は資本市場における「メインストリーム」と呼ばれるようになりました。アメリカではエリサ法という国内法があって、これは勤労者の年金などを受託して運用する機関は、ソロバン勘定以外の余計なことはしてはいけないという法律であり（たとえそれが赤い羽根募金であってもやってはいけないという意味です。「他事考慮の禁止」といいます）、ESG 投資がそれにあたるのではないか、という疑いがありました。

これにより ESG 投資の初期の出だしではヨーロッパに大きく後れをとりましたが、ここ数年でその法的疑いが解消され、以後大きく ESG 投資が伸びており、2020 年には資本市場における割合は 33％になりました。日本で

は 2014 年に 3％台だったのが、2020 年に 24％となっており、こちらも大いに増加中です。世界全体では 2020 年の段階で約 36％となっています。世界中でものすごいスピードで ESG 投資が増えつつあるという認識は、日本企業にもようやく浸透してきました。また ESG 投資は、そうでない投資に比べて、いまのところ運用パフォーマンスが上回っている傾向があります。長期的な期待と短期的な実績が、今後も両立していくと良いのですが。

　筆者は日本企業向けの研修をさせて頂くときにしばしば、「ESG 投資という言葉をご存じですか？」と質問してきました。5、6 年前までは 30 人の中で知っている人が 1 人か 2 人でした。そんな時によく「もう 3 年したら知らない人がほとんどいなくなりますよ」などと言っていました。いまかなりそれに近い状況になりましたね。

　さて、ESG 投資、ESG 経営がこれほど浸透したのは何故でしょうか？地球的課題に対して、企業が心を入れ替えたのでしょうか？

　実は、長期的な投資運用成績を高めたいという投資のプロのソロバン勘定と、全人類的課題を民間企業の力を借りて解決したいという国連の思惑とが、見事に合流できたこと、それが背景にあります。

　まず、ここ四半世紀で、世界の資本市場に起きた変化がこのことに大きく影響しています。説明しましょう。

　1 つは長期投資家の台頭です。年金基金、年金ファンドなどといわれるプロの投資家（日本では GPIF〈年金積立金管理運用独立行政法人〉が代表例です）の持つ投資残高の割合が大きく増加しました。見方にもよりますが、20 年前は数％だったのが、現在は 20％程度に増えました。これは日本でも他の先進国でも共通してみられる社会構造的変化といえます。資本市場における、年金資産の運用残高の占める割合が増加しているのです。

　2つ目は短期投資家の没落です。リーマン・ショック以来、市場原理主義といった言葉はあまり聞かれなくなりましたよね。短期投資家の行き過ぎた行動が世界の金融の混乱を招いたのではないかという見方が出てきて、米国のドッド・フランク法をはじめとする規制強化が進み、その影響もあり短期投資家が相対的におとなしくなった感があります。

　いわば資本市場をひっぱる機関車の役目が、短期投資家から長期投資家にバトンタッチされたのです。

　ここで短期投資家と長期投資家の違いを整理しておきましょう。一般的な明確な定義はありませんので、あくまで本書での定義とさせて頂きます。短期投資家というのは投資期間をあらかじめ決めて、投資期間終了時点（EXITといいます）までの運用期間における投資利回りの最大化を行動原理とする人たち、という意味で私は呼んでいます。ミリセカンドでコンピュータプログラムを用いた売買を繰り返す投資家から、長くても3年から5年くらいの投資運用期間の投資家が多いです。

　長期投資家というのは、EXITを決めずに、20年でも30年でもその会社の株式を持ち続ける人たちを、そう呼んでいます。私以外でも、同じような言葉の使い方をしている人は多いのではないかなと思っています。

　短期投資家は何を見て投資先企業を選ぶでしょうか？　株価チャートの動きをコンピュータで自動的に読むだけといったファンドもありますが、ビジネスをプロが分析して投資先を選ぶ投資家もいます。分析のプロが見る材料は、有価証券報告書あるいはアニュアルレポートといった財務諸表をはじめとする過去の定量的データ、経営戦略や経営陣の顔ぶれといった定性的情報、中長期経営計画といった将来の計画値、などが代表的な情報ソースです。

　それに対して長期投資家の場合はどうでしょう？　20年、30年先までの経営計画は普通の会社は作っていません。遠い未来のビジョンはありますが、

具体的な数値目標というのはありません。また 30 年先を予想したいからといって 30 年前の決算書を紐解くのも何か違う感じがします。遠い未来を見据えた理念はありますが、その実現のための具体的な戦略や戦術まで作っていません。20 年、30 年先の経営陣の顔ぶれとなると予想もつきません。「多分いまもう生まれてるよね」くらいの感じです。つまりこれまで企業分析で使ってきた、**財務数値をはじめとする頼れるツールがほぼ全滅**なんです。

　そのような状況の中で、皆様が長期投資家だったら、何を基準に投資先企業を選びますか？　そこで生まれてきた思想が「ESG」なんです。「E」「S」「G」の 3 つを重視している会社は 20 年、30 年先になっても成長発展している可能性が高いだろう、という思想に立って、投資先企業のスクリーニングや選定を行おうということです。

　ここで国連側の全人類的課題を解決したいというニーズと、長期投資家が投資パフォーマンスを高めたいというニーズが、合致したのです。2 つが一つになったから強い。**理想とソロバンが合流した**のです。そこが CSR（Corporate Social Responsibility、企業の社会的責任）などのこれまでの概念との違いです。これまではあくまでボランティアでした。

　もう一つ、ESG が先進国で受け入れられている背景として、先進国の多くがより付加価値の高い産業構造にシフトしなければならないという課題を長年抱えてきたという側面もあると思っています。

　過去四半世紀の新自由主義と呼ばれる国際競争の中で、結局は中国の独り勝ちだった。先進国だけ見たら日本だけ地位低下したように見えますが、世界全体で見たらアメリカもヨーロッパも中国に負けた。これがこの四半世紀に起きたことではないでしょうか。

　自由貿易が両方の当事者国にプラスになるには前提条件があります。イノベーションが起きることと労働市場の流動性です。これらが不十分なところ

で自由貿易をすると、人件費の安い国の一方的勝利になります。実際にそうなった。その反省からトランプ大統領などの自国優先主義も出てきた。ここで出てきた ESG の意味というのは「中国と同じことをやっても勝ち目がないから新しいことをやるよ」という方向転換といえます。最初に舵を切ったのがヨーロッパだった。アメリカが次に気づいて急発進した。日本でも急発進はしましたが、国内ではいまだに「赤い羽根募金」と区別のついていない人も結構多い、といったところでしょうか。

　さて、その ESG 投資、ESG 経営の大きな流れを受けて、企業には、ESG 経営への取り組みの状況を情報開示することによって、投資家や社会にアピールする動きがいよいよ本格化してきました。

　「株主資本主義からステークホルダー資本主義へ」という言葉が言われるようになりました。年金資産のアセットオーナーは勤労者ですから、勤労者、勤労者が働く企業、企業のオーナーである株主、年金基金、そのオーナーである勤労者、という風に、さまざまな利害関係者（ステークホルダー）が、堂々巡りになってつながってきました。カネを「右から左へぶん取り合う」時代から、「結局はかなり利害がつながっている」時代になってきました。マルクス・レーニンが見ていた資本主義と今日の資本主義はずいぶん違う様相を呈しています。労働者から搾取する資本家を探してみたら、そこには自分がいた（最大の資本家は勤労者がアセットオーナーである年金ファンドである）という時代になってきました。

　「会社は株主のもの」というセリフは、ついこの間までは日本企業の経営者にとって新鮮な響きがありました。「××ファンド」など「物言う株主」が日本でも出てきた頃です。今日では「会社は株主のもの」というセリフは、少し古い、一面的な、視野の狭いセリフに聞こえてしまいます。

　アカウンタビリティはもともと株主投資家に対するものでしたが、今日、社会的分業という見方に立てば、企業はその事業を社会から「任されており」、

社会に対する「アカウンタビリティ」を負っているといえます。その意味から、持続可能性や ESG 関連の情報開示の要請が世界中で高まってきたといえるでしょう。

　このような社会の変化の感覚というのは、興味深いことに、若い世代ほど、当たり前のように浸透し始めていると思っています。「会社は株主のもの」という時代から次の時代に脱皮しようとしています。「利益」「成長」「豊かさ」という言葉も、若い世代には少し違う見え方をしているのかなと感じる瞬間があります。これもチャンスと見るべきではないでしょうか。

　それではここで、ISSB という団体が公表した新しい基準の公開草案についてご紹介しましょう。

・ISSB のサステナビリティ情報開示と気候変動情報開示に関する公開草案

　前述のように、世界的規模で ESG 投資、ESG 経営の動きが進んでいます。本来は能動的に各企業がアカウンタビリティを果たすべきものですが、世界中で各社が模索しながら進めると社会的にはコスト効率が良くないという面もあります。よって能動的アカウンタビリティを前提にしながらも、一定のプリンシプルやガイドラインにあたるものを作ることは、有効です。この考え方は会計基準と似ていますね。

　奇しくも、会計基準を設定する国際的な機関が、新たに持続可能性関連の国際的な基準の原案を公表したところです。基準本体は本書の執筆時点でまだアナウンスされていませんので、ここでは公開草案の考え方のポイントだけ紹介します。

ISSB の公開草案の経緯

　これまでいろんな団体が提言や基準などを出してきましたが、ここで紹介する ISSB の公開草案がこれまでの集大成という位置付けです。

　今回の公開草案を作って公表したのは 2021 年 11 月に設立されたばかり
の ISSB（International Sustainability Standards Board）、「国際サステナビリ
ティ基準審議会」という機関です。

　これは本書で説明してきた国際会計基準を作っている IASB（International
Accounting Standards Board）、「国際会計基準審議会」という機関の兄弟に
あたります。

　ISSB と IASB の親にあたる母体が「IFRS 財団」。（IFRS は International
Financial Reporting Standards の略です）。

　2022 年 3 月に ISSB は以下の 2 つの公開草案を公表し、2022 年 7 月 29
日までコメントを募集しました。これを受けて 2023 年中に基準が公表され
る予定です。

・IFRS S1 号「サステナビリティ関連財務情報の開示に関する全般的要求
　事項」
・IFRS S2 号「気候関連開示」

　ここでは基準案そのものの詳細ではなく、基準案を皆様が読むにあたって
必要になると思われるいくつかのポイントを、Q＆A 式で説明させて頂こ
うと思います。

Q 1　情報開示の対象として誰を想定しているか？
　　　A　投資家の他に、融資者、その他債権者です。

Q 2　情報開示は何のためにするのか？
　　　A　投資家による企業価値評価に役立てるために情報開示します。

Q3　企業価値とは何か？

　図表をご覧下さい。

<企業価値評価の考え方の基本>
　企業価値は金融資産等と事業価値の合計です。
　金融資産等は時価で評価するのが基本です。会計ルールと同様ですね。
　事業価値は、会計ルールですと取得原価主義ですが、企業価値評価の場合は事業の予測将来キャッシュフローの現在価値です。

　株主価値とは、企業価値から有利子負債を引いたものとなります。

　この株主価値がM＆Aの時などの株価の算定によく使われます。

Q4　企業価値の算定において、サステナビリティへの取り組みはどう関係してくるのか？

A　事業価値の算定、つまり将来キャッシュフローに影響を与えるという考え方です。

地球資源の使い方や、外部関係者、社会、社員などとの関係の持ち方（関係性）が将来の利益が永続的になるかどうかを左右します（ESGの考え方）。

よって資源や関係性についての情報は企業価値評価に不可欠という考え方です。

Q 5　資源や関係性の情報といってもどのような情報を開示すればよいのか？

A　これらの持続可能性に重要な影響があると思われる項目を選んで、企業にとってのリスクと機会について整理して開示します。

Q 6　どういう報告制度を想定しているのか？

A　まだ基準になっていませんが、現段階では財務諸表と同時に同じパッケージの中で報告することを想定しています。

Q 7　上記S1、S2の主な内容は？

A　すでに公開草案の日本語訳がIFRS財団によってウェブでもアップされていますので、是非ご参照下さい。

S1はサステナビリティ関連の財務情報の開示に関する全般的要求事項という題目通り、サステナビリティ情報開示の基本的な考え方を示しています。

S2は気候関連開示というタイトルで、気候変動がすべての企業に大きなリスク・機会をもたらす重要なものであるとの認識に立つと同時に産業別の特徴も大きいことから、産業別の詳細な情報開示要求事項も併せて公開草案を公表しています。

S1、S2ともに、ガバナンス、戦略、リスク管理、指標・目標といったものが、主な開示情報のコンテンツとなっています。

　もちろん上述のような情報開示をすれば ESG 経営がすべて達成されるわけではありません。株主・投資家と建設的な対話を行い、ともに手を携えながら、ESG 目標を達成し、それによって企業価値を生み出すことが目的です。長期的な成長と発展に向けて、見直しを重ねながら企業価値を高めていく必要があります。

第 **4** 章

会計の
基本が分かったら、
さっそく経営分析を
してみよう

世界のプロが学ぶ会計の教科書

資産負債アプローチで使える知識を身につける

1 分析の話をする前に

　これからB/S、P/L を使って、何が分かるのか、どうやって分析をするのか、の章に入ります。本書では特に大切なポイントをしぼって解説していきたいと思います。

　まず具体的な分析の話をする前に、大事なことを確認しておきたいと思います。

　図表をご覧下さい。

分析に必要な3つの要素

「経営判断」の基礎となるのは「分析」である。
「分析」と呼べる仕事には、常に「数字」「事実」「評価」の3つが兼ね備わっていなければならない。

＜数字＞	＜事実＞	＜評価＞
数字の「3つの比較」をする。 ①過去との比較 ②他社との比較 ③目標との比較	数字の違いや動きの原因・内訳を調査し「事実」をつかむ。 ①原因 ②内訳	つかんだ事実が会社の将来にとって良いことか悪いことか、2つの観点から判断する。 ①利益の源泉 ②リスク

　決算書を分析したり、社内でいろんな管理資料を分析したりすることがありますが、これは何を目的としているのでしょうか？　必ず何かの「経営判断」をしようとしているはずです。ある会社に投資をしようかどうしようか、お金を貸すかやめておくか、とか、あるいは自分の会社の分析の話だったら、会社の目標は達成できそうか、そのためにはどうすれば良いか、など様々な判断が経営では必要になります。

　経営判断に役立つ分析であるためには、常に３つの要素が兼ね備わっていなければならない、というのが、ここで確認したい点です。

　３つの要素というのは、表で示したように、**「数字」「事実」「評価」**の３つです。これは決算書の分析に限らず、あらゆる「分析」の仕事をする上での鉄則であり、基本動作であると筆者は考えています。

　まず**「数字」**です。これは会計の数字ということです。会計には２つの分類があります。１つは、本書で学んできたような、B/S、P/L などの決算書を作る会計です。これは**「財務会計」**という分野です。決算書を作り、株主や債権者などの外部の利害関係者に見せるのが目的です。外部の人が見て、他の会社と比べたりできるように、財務会計には、会計基準などの公のルールがあり、それに従って決算書を作成します。

　もう一つは**「管理会計」**といわれる分野です。これは社内の経営管理のための会計です。経営計画を作ったり、年度の予算を作ったり、それらを実績と対比したり、原価を計算して管理したり、投資を意思決定するためにシミュレーションをしたり、様々なことを管理会計として行います。これはあくまで社内の管理目的のものであり、公のルールはありません。どの会社も「自分の会社として必要だから」管理会計をやっています。

　さて、この財務会計の数字にせよ、管理会計の数字にせよ、必要に応じて分析の対象となるわけです。

　ここでまず現実の話として申し上げておきたいのは、分析をするにあたって、**「数字を見ながら話をすべき時は、横着しないでちゃんと数字を手元に用意する」**ということです。数字に弱い人に限って横着をします。業績の悪い会社に限って横着をします。数字がろくに頭に入っていないくせに「分かったような顔をして」大事な意思決定をしようとします。このことは筆者は

飽きるほど見てきました。賛同する人も多いと思います。役員であろうが若手であろうが、横着をせず、きちんと数字を手元に用意してビジネスの話をするようにしましょう。分析の手法をどうこういう以前の問題です。数字で語れないことは無理をせず言葉で会話する。数字で表せることは横着しないで数字で会話する、ということです。

　数字というのは、他の数字と比較して初めていろいろなことが見えてきます。表に書いているように、「3つの比較」を基本動作として挙げておきたいと思います。

　1つ目は**「過去との比較」**です。前年同月と比べる、過去3期間を並べて比べる、といった具合です。過去と比べて何が良くなっているのか、何が悪くなっているのか、まず数字を見るということです。「何期分見れば良いか？」これは都度自分で判断して下さい。

　2つ目は**「他社との比較」**です。ライバル会社に比べて、あるいは同業者平均と比べてどこが勝っているか、どこが負けているか、が数字で見えます。いまはインターネットの時代ですから、豊富に業界平均データや他社の決算書が見られます。上場企業の場合は「有価証券報告書」をEDINETというサイトを使って見て下さい。非上場の会社は中小企業庁のデータやTKCさんのデータなどが参考になります。

　3つ目は**「目標との比較」**です。中長期経営計画や年度予算と、実績との比較です。どこが目標未達になっているか、どこが達成できているか、が分かります。特に目標未達の場合は原因を究明して改善をしたりします。他社の目標数値は、上場会社であれば会社のホームページによくアップされています。

　この3つの比較は**「やって当たり前。やっていなければ、なぜやっていないか質問されて当たり前」**というレベル感とお考えいただいて良いと思いま

す。

　さて、3つの比較をすると、数字としてはいろいろなことが見えてきます。ここで大事なことは、「数字は結論ではない」ということです。あくまで「数字ではこうなっている」に過ぎません。数字だけで判断できることなどほとんどありません。

　つまり、何故そういう数字になっているか、原因、内訳となる「事実」を調べる必要があります。これが「数字」「事実」「評価」の2つ目の**「事実」**です。自分の会社の数字の場合は、どこまで現場を知っているか、が問われます。他社の場合は、数字以外の情報収集が必要となります。ここまでくれば、数字を説明でき、なぜそういう数字になっているか、どこを聞かれても説明できる状態になるわけです。

　これが最終形ではありません。「数字」をはじき、「事実」をつかんだ。最後にそれが会社の将来という観点で見た時に、良いことなのか、悪いことなのか、理由を付けて自分の考えが説明できること、ここまで行って初めて「分析」といえます。これが3つ目の**「評価」**です。良いことか悪いことか判断するためにはその会社の事業の「利益の源泉」と「リスク」が見えていなければ判断は出来ません。

　1つだけ例を挙げましょう。ある高級レストランの話です。全国的に有名な、規模の大きい、歴史の古い会社でした。ディナーが1名15,000円から20,000円くらいする高級店でした。人気があり、先々まで予約が埋まっているほどでした。その会社は飲食部門はずっと一貫して堅調だったのですが、ある時期に慣れない財テク投資を行って失敗し、会社全体の経営が傾きました。経営を再生するために、資産リストラ、人員リストラ、事業の統廃合などを行い、血を流す手術をまず行いました。その上で債権者にお願いして、債務カットや弁済時期の繰り延べなどの債務リストラをしました。

　一方、徹底した収益性改善を行うということで、例外なきコストダウンを行いました。ある時に飲食部門のゼネラルマネジャーの方が筆者を訪ねて来て、「うちは手を付けちゃいけないところに手を付けちゃったんですよ」と悔しそうに仰る。「何があったんですか？」と聞くと、「食材コストを一律15％カットしたんです」と言う。話の続きを聞きましたら、厨房の中の料理人が、料理長以下、お菓子作りのパティシエにいたるまで、いっせいに全員が自分から退職したということでした。「この予算では、うちの名声に相応しい料理は作れないので、そうなる前に辞めさせて下さい」といって全員が会社を去ったそうです。会社としては急遽、流れの料理人のような人に頼んだり、腕を問わず新人を大量採用したりして対応したそうです。

　食材コスト15％カットした直後の1、2カ月間は、飲食部門の月次の損益の資料をみると、粗利の金額も粗利率も上昇しました。しかしその後8カ月くらい経過した後には、会社はとんでもない状態になっていました。まず、かつては15,000円以上とっていたお店が「食べ放題3,800円」の店になっていたんですが、別に食べ放題でもお客様が喜んでくれて、リピーターになってくれるなら素晴らしい商売であることは勿論です。

　そうではなくて、3,800円食べ放題にしても「ガラガラ」の店になっていたんです。食材コスト15％カットの影響に加えて腕の悪い素人同然の料理人が作るのですから、悪夢は目に見えています。ガラガラの店に落ちていくまでの過程は「毎日が地獄のようだった」そうです。

　これまで長年ひいきにしてくれた常連客が見たことがないような怒った顔をして帰っていく。中にはどなり声をあげられるお客様もいたそうです。毎日毎日そんなことの連続で、逃げていく常連客を追いかけるように値引きをするが、何の効果もない。優秀なフロア従業員はいやになってやめてゆき、慣れないバイトだけになる。いくら折り込みチラシで「あの名店の料理が3,800円で食べ放題」と謳っても、地元では「急激に味が劣化した店」として知らぬ者のないほど有名になり、誰も来店しなくなったということでした。

　この話を先述の３つの要素に当てはめて考えてみましょう。

　「数字」しか見ない人であれば、最初の１、２カ月の間、食材コストのカットにより、粗利が上昇した時に、「収益性が改善されて良かったですね」という結論になるんでしょうね。

　「事実」を調べるところまでしかしない人だったら、「食材コスト15％カットですか、コストダウン、結構ですね」となるのでしょう。

　最後の「評価」ができる人であれば、どうでしょう。もともと１人前15,000円をとる飲食店の利益の源泉が「差異化」にあるということが見抜けているわけです。一般的に言って15,000円という値段は１食の代金として高い、でもお客様は喜んで高いお代金を支払おうとその店にやってくる。まさに「差異化」です。

　この利益の源泉が差異化であると分かっている人が分析者であれば、最初の１カ月に「数字」を見て粗利が急に増加していることに気づき、何があったのか聞くでしょう。原因となる「事実」が食材コスト一律15％カットであると聞いたら、「なんてことをしてくれたんだ！　間に合うなら直ぐに元に戻せ！」と言うでしょう。これが正しい「分析」ですよね。「数字」「事実」「評価」の３つが必ず兼ね備わっていなければ、分析とは言えないのです。

2 勝っている経営と負けている経営

　それでは、決算書を使った分析の話をしましょう。本書はB/S、P/Lの基本を理解するのがテーマですので、この分析に使えるページは限られていますが、コンパクトにエッセンスはお伝えしたいと思っています。

　図表を見て下さい。

収益性指標は流れで理解する

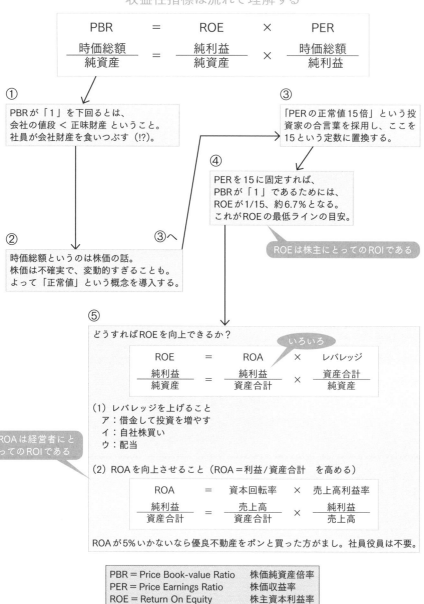

　では、分析の初歩の初歩の話をしていきます。

　でも初歩といっても計算式を単純に紹介して、電卓を叩いて分かった気にさせるような意味のないことはやりません。流れに沿って本質的な話をしていきます。

　まずは左上のPBRというのを見て下さい。株価純資産倍率といいます。

　PBRというのは、分子が「時価総額」で、分母が「純資産」となっています。
　時価総額というのは、上場会社の場合、株価というのがありますね。
　この「株価×発行済株式総数」が時価総額です。

　つまりその金額でその会社が買えるということです。投資家の人たち、つまり株式市場が評価した、その会社の値段であり、評価額である、ということとです。

　一方、純資産というのは、その会社のB/S上の資産と負債の差額であり、それは会社の正味の財産価値の金額を表すと解釈できます。

　もしPBRが「１」を下回ったとします。こんな会社は残念ながら日本にゴマンとあります。これはどういう意味を持つのでしょうか？

　PBRが1を割っているのを見て「我が社の株価がお買い得ということですね」などと言う人がいます。何をのんきなことを言っているんでしょうか？

　図の①を見て下さい。
　PBRが1を割るというのは、社員全員、役員全員が、「ごくつぶし」と言われているということなんです。「ただメシ食らい」ということです。株主から見たら、「社員全員、役員全員がいますぐ"ただで"辞めてほしい。でも

あなた方は今すぐただでは辞めてくれませんよね。しばらくは給料を取っていきますよね。退職金まで取っていきますよね。だからその分会社の財産価値が現在よりも減ってしまうんですよ。その分を織り込んだのが今の株価です」という意味なんです。とんでもない状況です。これを「負けている経営」というんです。投資家、株主の期待に負けている経営です。株主にも我が国経済にも迷惑を掛けている経営なんです。

　一方、PBRが1を上回っている会社はどうでしょう？　人によってはPBRが2.0から3.0が良いとか、いろんな意見がありますが、筆者は1.1でも、1.2でも、まずは大変結構なことだと思います。PBRが1を超えているというのは、投資家・株主から見たら、「会社の社員、役員の皆さんが頑張ってくれているおかげで、会社の未来はいまよりも良くなるんだ。いま現在の会社の財産価値よりも会社の未来の価値は大きくなるんだ」という意味なんです。素晴らしいことです。これを指して、投資家、株主の期待に「勝っている経営」といいます。会社の経営は常に「勝っている経営」である必要があります。

　図の②を見て下さい。
　ところで実際の株価というのは、日々変動します。しばしば、個別の会社の事情には関係のない理由で乱高下すらしますよね。突発的な国際紛争など会社の経営に関係のないところで株価というものは変動します。そんなものに日々振り回されて腰を据えた経営ができるでしょうか？　会社のビジネスモデルにもよりますが、ほとんどの会社は少なくとも数年先を見据えた長期的な観点に立って経営をしています。また投資家・株主にもいろんな人たちがいます。数年先どころか、いますぐの自分の目先の利益だけを重視した意見を言う人もたくさんいます。そういう人たちに対しても、良い意味で**「有無を言わせない経営」**をする必要があります。

　そこで、**「正常な資本市場」**という概念を導入して、議論を続けたいと思います。正常値を前提に議論する。それによって株価を持たない非上場会社

にも当てはまる議論をすることも可能になります。

　図の③を見て下さい。
　上の式の右側です。PERと書いてあります。これは会社の当期純利益の
何倍の金額に株価がなっているか、を表します。株価収益率といいます。バ
ブルの頃は30倍、40倍ということもありました。

　面白いことに、米国の投資の世界でも、日本の投資の世界でも、この
PERが、正常な資本市場の状態だったら、平均でどれくらいになるのか、
という議論があります。人によって意見の違いがないわけではありませんが、
おおむね10倍から20倍という人たちが多いのです。平均で15倍です。この
「PER15倍」という水準は日本の投資家の世界でも、米国の投資家の世界で
もキャッチフレーズのように言われています。

　ちなみにこのPERの逆数は「純利益／時価総額」になりますが、これは
今の株価を前提にその会社を買った場合の投資家にとっての投資利回りにな
ります（投資したら何％のリターンが得られるか、これを投資利回りとか、
ROI（Return On Investment）、投資利益率といいます）。投資利益率（ROI）
というのは、投資金額に対する、1年間のリターンの割合です。

「ROI＝年間利益／投資金額」

　PER15倍なら逆数は「1/15」なので約6.7％となります。このPERの逆数
が、株主にとっての、いまの株価で株を買った場合の投資利益率といえます。

　　PERの逆数＝純利益／時価総額
　　　　＝いまの株価で株を買った場合の投資利益率

　筆者の個人的感覚では、一般事業会社の株に投資する時の期待平均利回り
として、他の不動産投資などと比較すると、6.7％というのは、少し低い印

象を持ちます。それだけ株式投資が人気があり、やや低めのROIでも満足するということでしょう。

　さて図表の算式でPERを「15倍」と固定します。PERを15という定数に置換するわけです。するとPBRが1を超えるためには、式の真ん中のROEという指標が「1／15」つまり約6.7％を超えれば良いということが簡単に分かります。

　ROEというのは、純利益／純資産です。純資産ではなく、より厳密に「株主資本」を使うこともあります。株主資本というのは、純資産の金額から、非支配株主持分などを除いた、純粋な親会社株主の持ち分にあたる金額です。ここでは単純に純資産の金額として話を進めます。

　ROE＝純利益／純資産

　ROEは株主にとっての、株価ベースではなく帳簿価額ベースの投資利益率（ROI　Return On Investment）を意味します。どういうことでしょう。

　話を単純化して、株主が一人だったら、と仮定して考えると分かりやすいです。実際の株主ごとの投資利益率（ROI）というのは、いくらの株価の時に何株買ったか、配当をいつ、いくら受け取ったか、いくらの株価の時に何株売ったか、という条件ごとに異なりますので、株主の数だけROIがあるといってよいですね。これから話すのは、「株主全体の目線」といいますが、もし株主が一人だったら、という話です。

　会社のオーナーは株主です。株主から見たら純資産（正味財産）にあたる金額の財産を会社という場所に投資していることを意味します。純利益というのはその年度の会社の正味財産の増加であり、同時にオーナーである株主の財産の増加（株主へのリターン）を意味します。よってROEは株主にとってのROI（ただし株価ベースでなく帳簿価額ベース）を意味します。

　さきほど、PBRが1を超えるためには、式の真ん中のROEという指標が「1/15」つまり約6.7％を超えれば良いと言いました。もちろんこれは全業種平均値の話ですから、その会社の事業のリスク度合いによって、相応しい水準を自分で考える必要があります。

　ここで大事なことは、もし仮に平均的なリスクのビジネスを行っている会社であれば、ROEが6.7％を超えておれば、経営者が、投資家・株主に対して「やるべきことをやっているぞ」「投資家・株主を満足させる経営をしているぞ」と胸を張って言えるということです。これは非上場会社でも当てはめることが可能で、株主や親会社に対して同じように経営者が主張できるわけです。

　となると、いかにしてROE6.7％を達成するか、という話になります。

　ただその前に、6.7％はあくまで平均値ですから、自分の会社の場合は6.7％よりもいくら高くあるべきか、低くて良いのか、それを議論する必要があります。自社の事業のリスクを踏まえて、まずはそこのところを考え、議論し、理論武装して下さい。

3 ROAとROE

　ここで、会社のROAとROEという話をしましょう。

　再び図表を見て下さい。

　この２つを理解するには、やはりROIという概念を理解する必要があります。先述しましたが、

　ROI＝投資利益率＝年間利益／投資金額

　となります。ROIは投資を行う人間にとって、もっとも重要な関心事です。要は「その投資はどれくらい儲かるのか」という話です。当然それとセットの話が「その投資はどれくらいリスクがあるのか」という話です。

　「ハイリスクハイリターン」「ローリスクローリターン」という言葉があります。リスクの高い投資ほど、高いリターンが伴わないと投資する気になりません。逆もまた真なり、です。

　このROIの概念を本当に身にしみてビジネスをやっている社員や幹部が、日本の会社にどれくらいいるでしょうか？　前著で同じ指摘をしてから9年が経ちました。実は、だいぶ増えたとは思っています。でも全然足りません。もっと増えると良いですね。

　本当に分かるってどういうことでしょう？

　「ROIを知っていますよ」と言う人がいたとします。「分子が利益で、分母が投資」という知識を知っているかどうかという意味で言えば、中学生でも教えればすぐに分かりますね。そうではなく、ビジネスをする人間が「私はROIを分かっている」と口にする時というのは、**「私は投資判断ができる人間である」**という意味なんです。

　これは長年の商売の経験を蓄積してその人なりの「相場感」を醸成していかなければ決して身に付かない能力です。経営者にとっては必須の能力と言えます。**「リスクを評価し、そのリスクに相応しいレベルの投資利回りが具体的に言える」**。このことはビジネスをする人間共通の、生涯の課題であるといっても言い過ぎではないと思います。

　商売とは「リスクに見合ったリターンを得る」ということです。リスクは多くの場合、数値化は不可能です。数値化に成功しているのは、金融機関や

一部の品質管理、安全管理の分野など、極めて限定的です。「リスクは数字にできない」「リスクは言葉で表現するしかない」というわけです。

それに対して「リターン」は常に数字の話であり、それはROIです。

言葉で表現されたリスクを総合的に勘案し、リスクに見合ったリターンは数字で何％か、判断できること、が必要とされます。

もしリスクが数値化できるならば数学者が経営するか、AIに任せた方が良いでしょう。そうならないのは、リスクが数値化できないからです。これは人間の頭脳だけに可能な総合的判断であり、それができる人が経営者であり、投資家なのです。

このROIを株主の目から見たものがROEです。会社は株主が所有しています。会社の正味財産の金額は、株主から見たら、それだけの金額をその会社に投資していることを意味しますから、株主にとっての「投資金額」とは会社の正味財産金額です。

これはざっくりと言えば「純資産」と言っても良いのですが、純資産の中には「非支配株主持分」など、親会社株主の持ち分といえないものも混じってますから、厳密には「払込資本」と「利益剰余金」の合計である「株主資本」を使うのが望ましいです。一方、分子の「利益」は「当期純利益」を使います。これはその年度の会社の正味財産の増加額であり、株主へのリターンといえるからです。

次に、ROIを経営者の目からみたものがROAです。会社のB/Sの左側というのは「資産」です。資産は趣味や道楽で買うのではなく、経営者の意思に基づいて「投資」として買っているのです。ですから、経営者にとっての投資金額というのは「資産合計」です。

一方、「利益」の方ですが、「経常利益」が相応しいと書いてある本はたく

さんあります。「正常収益力」をあらわす経常利益がよいというのは、異常なものを含めないという意味で一理あります。

　それに加えて、プロの投資家やアナリストは良く**「事業利益」**という概念を用います。これは「経常利益」に「支払利息」を足し戻した金額です。もともとROIというのは、「ある資産に投資したら、その資産がいくらのリターンをもたらしてくれるのか」というのが基本概念ですので、その資産を買うための資金調達に要したコスト、というのは運用リターンとは別の話です。ですから経常利益はすでに支払利息が控除されていますので、これを足し戻すという考え方です。

　また事業セグメント別にROAを語る場合は、事業部の「営業利益」を使うことが一般的です。

　このROAですが、5％を切っている日本の会社はざらにあります。むしろ普通といっても良いくらいです。

　実は日本の投資家の世界でも、アメリカの投資家の世界でも、一つの合言葉があって、それは**「優良不動産投資の利回り5％」**という言葉です。日本で言えば、麻布あたりの新築マンションなどは優良不動産の一例でしょう。この場合、投資利回りはだいたい5％が良いところです。この意味を考えてみましょう。

　麻布の新築マンションを一棟買いで購入したとします。賃貸する目的です。仮に10億円なら10億円としましょうか。投資家からすれば、10億円を払って買ってしまえば、手間は掛かりません。家賃の滞納者がいたら地元の不動産屋さんに頼んでおけば全部催促などもやってくれます。リスクは非常に低いです。空室リスクなんて、一等地だったら少し待つか、少しだけ家賃を下げればすぐに部屋は埋まります。

　いったん買ってしまえば、「麻布君」が１年365日、１日24時間、働いてくれます。毎月毎月、確実に家賃をお届けしてくれます。社員なんて要りません。まして役員なんて要りません。金さえ最初に払えば、安全に自動的にキャッシュが生まれてくる。

　これが「ROIが5％」という数字の意味なんです。手間いらずで、安全に、資産が自力で生んでくれるリターンの水準の相場といえましょう。

　自分の会社のROAが2％だ、3％だという場合、麻布のマンションよりも安全な商売をしていますか？　それなら問題ありません。

　会社の商売はそれなりにリスクがあり、社員は本当に汗を流して頑張っている。管理職は胃に穴があく思いで奮闘している。役員は誰よりも真剣に会社の経営に取り組んでいる。でもROAが5％よりもずっと低い。これは株主、投資家から見たらどうでしょう。「そんな商売はやめてしまえ。社員、役員は全員クビにして、麻布のマンションを買ってこい。その方がよっぽど良いではないか」──これが投資家・株主のモノの見方なんです。

　勘違いしている人はたくさんいますが、投資家・株主が一度でも「売上を増やしてくれ」と言いましたか？　もっと言うなら「利益の金額を増やしてくれ」とも言ってないんです。彼らが常に要求するのは「パーセンテージ」なんです。投資に対するリターンのパーセンテージだけを要求しているんです。それが「当たり前」なんです。投資も商売でやっていますから。

　一部上場企業の部長クラスの方でも、「うちの部門は一応黒字です。少ないですが黒字ということは会社に貢献できているんですよね？」という人はたくさんいます。

　とんでもない話です。彼らは一度も「投資に対するリターンのパーセンテージ」というモノの見方をしたことがないんです。私ははっきりとこう言い

ます。

　「申し上げにくいことを言わねばなりません。あなたの部門の事業のリスクに相応しいリターンのパーセンテージを達成していないということは、会社にとって、あなたの部門はない方が良いんです。会社の財産を食いつぶしているんです。**それが分からないのはあなたが最も初歩的な会計の基本を知らないからです。**大変残念ですが、あなたのような優秀な管理職でありながら、ただ会計の基本を知らないというだけで、そういう勘違いをしている管理職は非常にたくさんいます。マジョリティといっても良いです」

　日本の大企業の多くで、部長クラスの人が**「部門損益」**だけを見ています。

　「部門損益資料」の多くは「前年対比型」です。彼らは前年度よりも売上を増やす、利益の金額を増やす。前任者の頃よりも増やす。そういうことに一生懸命に取り組んでいます。各部門がいくらの資産を会社から預かっているのかという数字すら把握していない人も多いです。

　欧米の管理職なんかよりもよっぽど優秀で責任感があり、素晴らしい人格者でもある人たちが、会計の基本を知らないというただそれだけの理由で、「投資に対するパーセンテージ」という概念を夢にも考えたことが無いんです。

　米国が何でも良いなんてちっとも思っていませんが、あちらでは30歳そこそこでMBAなどを取ったマネジメントが、最初は中規模の会社の事業部長あたりからスタートして、能力と運に恵まれたものが、40代50代で大企業のCEOになる。彼らは若いうちから「投資」をして「リスクに見合ったリターン」のパーセンテージを追求しているんです。投資権限と人事権限が与えられているという背景がそこにあるのも事実です。つまり彼らはちゃんとトータルで商売の経験をしているんです。

　日本では投資意思決定は取締役会、ワンマン会社なら事実上トップが決めます。部長のミッションというのは、すでに行われた投資を所与の前提として、現場を任され、与えられた現場で最大限の結果を出すことが使命です。だから彼らにとって「いくらの投資をしたか」「部門としていくらのアセット（資産）を預かっているか」は無関心なんです。「部門損益」さえ見てればいいんです。私はそれを「店長レベル」と呼んでいます。悪い意味でも良い意味でもありません。ただ実態として、大企業の事業部門の長の仕事は「店長レベル」なんです。

　そんな部長たちが、役員になった時に、一夜にして「投資のプロ」になれるのでしょうか？

　部長までのキャリアの中で、例えばお客様に商品を販売するという経験は充分にしているんです。経験をして、とびぬけて優秀だから部長になったんです。でもその経験は商売の一部なんです。

　投資をしてリスクに見合ったリターンを得るのがトータルの「商売」です。これまで、個別の投資案件の利益率の計算資料を目にすることはあったでしょう。でも部門のビジネス全体の「パーセンテージ」を責任を持って見ることがないから、一度も真剣に「パーセンテージ」でモノを考えたことがない。そういう意味で、申し訳ないが、日本企業の部長さんの多くは本当は「商売」をしたことがない人たちなんです。そういう人が役員になったら、どうやって企業全体の経営ができるようになるのでしょうか？

　部長から取締役になっても、結局、部長時代から何も発想の転換ができていない人も多いんです。一部上場企業の役員の中にも、例えば資産合計が5,000億円の会社の経常利益が50億円だった。去年より20億円増えて良かった、などと本気で言っている人が現にいるんです。ROA＝1％ですよ。これは長期日本国債の投資と同じです。その会社はリスクフリーアセットである日本国債よりも安全な商売をしているんでしょうか？　言語道断です。

　もう一つ話しましょう。

　人によっては、「ROE とか、ROA ばかり気にしている経営は必ずしも良くない」「投資家の意見ばかり聞いていると、視野が短期的になってしまう」「ROE、ROA ばかり見ていると、長期的な視点に立った設備投資や新規事業の育成、あるいは社会的に価値ある事業の継続などができなくなってしまう」と言う人がいます。

　これらの意見は、どれも大変残念な勘違いです。心当たりのある人は、ぜひここではっきりと認識を変えて下さい。きっとスッキリしますよ。では説明しましょう。

　そもそも「短期的な業績ばかり気にする投資家」ばかりが投資家ではないんです。むしろそのような投資家は減ってきました。リーマン・ショック以降は年金ファンドをはじめとする長期投資家が世界の資本市場を事実上牛耳っています。古いイメージの短期投資家の悪口をいうのではなく、長期投資家に選ばれる会社になりましょう。

　年金ファンドをはじめとする20年、30年、株を安定して持ち続ける長期投資家が望むのは、長期にわたる成長と繁栄です。それが社会への貢献にも通じるというのが、いまの世界の主流の考え方になっています。ESG とか SDGs の流れです。これは世界の資本市場における長期投資家の台頭を反映した社会構造的変化なんです。長期的な成長のための投資や新規事業育成こそ、彼らは望んでいます。それもきれい事ではなくソロバンの話であることに注意が必要です。

　新規事業は当初は3年とか5年とか赤字が続いたりしますよね。常識的にそうですね。それを「3年が期限」とか「5年で自動的にEXIT」とか一律にルールで決めようとする会社があります。商売としては全く浅薄な見方です

ね。続けるべき事業は20年でも30年でも続けるべきで、やめるべき事業は3カ月でもやめるべきです。当たり前ではありませんか。まともに商売の話ができない人がそういうことを言うのです。

　しかしP/Lばかり見ていると、3年も赤字が続くと、さすがにだんだんシビレテきます。「いつまでこんな赤字の垂れ流しを続けるんだ！」という外野の声も大きくなってきます。そこで続けるべき理由を説明するアカウンタビリティがちゃんと果たせないから、声の大きな意見に負けたり、トップの鶴の一声にすがったり、3年でEXITなどのくだらないルールを作ったりするのです。

　ではどうすればよいか。P/Lだけ見て経営するのをやめるんです。何度も言うように、商売は「前年よりも1円でも多い売上金額」や「前年よりも1円でも多い営業利益の金額」を求めることではありません。「リスクに見合ったリターン（％）」を達成することです。自分の事業部のあるべきROA.が10％としましょう（そもそも、それが言えますか？）。もし本年度が、現業の実力で12％達成できるなら、あえて10％に抑えるのです。そして余力の2％部分は、事業部の意思で未来への種まきをする。R&D、設備投資、ブランディング、人材育成、新規事業への投資などです。10％を超えてROAを出すことが評価されるのではなく、そこは10％にとどめ、未来への種まきがどれくらいできているかで部門の評価をする。余力の2％で行う未来への投資については、誰にも文句は言わせない（建設的意見交換は歓迎です）。これが投資利益率を根本に据えた経営のあり方です。売上高や営業利益などの絶対金額をめぐる議論は「多ければ多いほど良い」になりがちですが、投資利益率の「％」の議論は「適正」という尺度を生みます。リスクに見合ったリターンが適正であり、株主の要請に応えながら、目は未来を見ている。そのために経営者や事業部トップにも未来のために裁量でお金を使える「ポケット」が必要であり、それはROIが初めて可能にするという構造を知って欲しいと思います。

「長期的な視点に立った投資や新規事業の育成、あるいは社会的に価値ある事業の継続などができなくなってしまう」という、ROEやROAについての前述の言葉を改めて見て下さい。まさにそのためにこそ、ROE、ROAを重視した経営が必要なのです。短期投資家のわがままはもう相手にしていない時代です。長期投資家と社員みんなと組んで、未来の成長に向かって経営するということです。嫌われるかもしれませんが、はっきり言います。無知ゆえのROE、ROA批判はもう口にしない方が良いです。世界から見たら相手にしてもらえないレベルと思います。

「会計の基本を知らない」、そんなつまらないことのために、会計以外は全てキチンと知っているような、優秀な日本の企業人が国際競争で負けてゆく。その原因は日本の会計教育のアプローチが古いことによる…。

筆者はこのことが、日本企業の低い利益率の最大の背景と考えています。

4 ROEの高め方①　財務レバレッジと安全性分析

図表にまた戻りましょう。算式の一部をここに抜粋します。

$$
\text{ROE} = \text{ROA} \times \text{レバレッジ}
$$

$$
\frac{純利益}{純資産} = \frac{純利益}{資産合計} \times \frac{資産合計}{純資産}
$$

投資家・株主の期待に対して「勝っている経営」をするために、ROEを高めるにはどうしたら良いでしょうか?

方法は2つです。ROEはROAとレバレッジの乗数ですから、

一つの方法はレバレッジを高めることです。
もう一つの方法はROAを高めることです。

それでは、レバレッジの話をしましょう。

次の図を見て下さい。

財務レバレッジ効果

財務レバレッジ効果とは、借金をすることによって、より大きな投資を行い、ROIを高めることをいう。

いま手持ち資金100,000千円で、不動産投資をするとする。 例えば1棟売りの賃貸マンションを購入するとする。
投資利回り[1]が10％の物件を買うとする。（物件の管理費等は無視する）
※1 投資利回り＝年間の家賃収入／物件価格＝10％

手持ち資金は100,000千円とする。A案とB案の２つがある。

A案　　手持ち資金の100,000千円で、100,000千円の物件を購入する。
B案　　手持ち資金の100,000千円に加えて、銀行から900,000千円を借りて、1,000,000千円の物件を購入する。

（単位：千円）

	手持ち資金 (a)	借入金 (b)	借入金の 支払利息 (c)[2]	物件価格 (d)	家賃収入 (e)	投資家の手元 に残るリターン (f) = (e-c)	物件としての ROI (e/d)	投資家にとっての ROI (f/a)
A案	100,000	-	-	100,000	10,000	10,000	10%	10%
B案	100,000	900,000	27,000	1,000,000	100,000	73,000	10%	73%

※2 支払利息は仮に、27,000千円とする。

	A案のB/S		
資産（d）	100,000	負債（b）	0
		資本（a）	100,000

	B案のB/S		
資産（d）	1,000,000	負債（b）	900,000
		資本（a）	100,000

	A案のP/L		
支払利息（c）	0	家賃収入（e）	10,000
利益（f）	10,000		

	B案のP/L		
支払利息（c）	27,000	家賃収入（e）	100,000
利益（f）	73,000		

ROA= (e) / (d) = 10,000/100,000 = 10%
ROE = (f) / (a) = 10,000/100,000 = 10%

ROA= (e) / (d) = 100,000/1,000,000 = 10%
ROE = (f) / (a) = 73,000/100,000 = 73%

上記のように、借金をして大きな投資をすれば、投資利回りは高まる。これを財務レバレッジ効果という。
会社の場合、負債への依存率を高めれば、ROAは変化ないが、ROEが高まることが分かる。

財務レバレッジ効果というのは、商売をする場合、単に手持ちの資金で投

資するよりも、借金をしてより大きな投資をした方が、手持ち資金の投資額に対する投資利益率は高まる、という意味です。

　前ページの図表の事例を読んでみて下さい。

　手持ち資金1億円で不動産投資をした場合（A案）のROIは10％ですが、銀行から9億円借りて10億円の物件に投資すると（B案）、ROIは73％に高まることが分かります。これが財務レバレッジ効果です。あるいは単にレバレッジといいます。

　では、無制限に借金への依存度を高めれば良いのでしょうか？　あるいはどんどん配当をして利益剰余金を減らし、株主資本を減らす。もしくは自社株買いをして（現金を払って自社の株を既存の株主から買い取る）、出資による差額を減らし、株主資本を減らす、などして結果的にレバレッジを高めれば良いでしょうか？

　いうまでもなく、負債への依存度を増やせば、財務安全性が損なわれます。

　ここで安全性分析の基本を説明しましょう。

　次ページの図表を見て下さい。

安全性分析

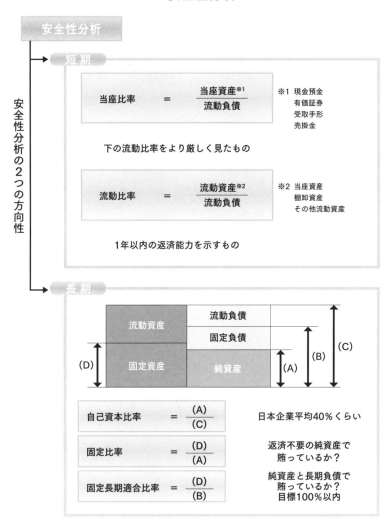

- 安全性分析における「安全性」とは、会社の支払能力を意味する。
- 会社の短期的な支払能力を判断する指標は、「当座比率」「流動比率」である。
- 会社の長期的な支払能力を判断する指標は、「自己資本比率」「固定比率」「固定長期適合比率」である。

安全性分析とは、債務を返済する能力の分析です。

安全性分析には、短期の安全性分析と、長期の安全性分析があります。

まずは短期の安全性分析について説明しましょう。

図表の左側の下の方を見て下さい。流動比率と書いています。

流動比率というのは、流動資産と流動負債の比率です。流動資産というのは、1年以内に回収予定の資産でしたよね。ここでは現金回収と投資回収の両方が含まれています。ざっくりと言えば、1年以内にはお金が入ってくるとみなすわけです。

一方、流動負債は1年以内に支払予定の負債ですから、ざっくりと言えば、流動比率というのは、1年以内に入ってくることが予定されている金と、出てゆく予定の金を比べているわけです。当然、入ってくる方が相対的に多い方が安全です。よく目標200％とか言いますが、ここはあまり定数的に見るよりも、分析の基本に忠実に、過去との比較や他社との比較などを冷静に行うことをお勧めします。

次に**当座比率**というのは、「より厳しめに見た流動比率」です。流動資産の中で、特に流動性、換金性が高いものを抽出して合計したものが当座資産です。細かい情報が無い場合は、単に棚卸資産を流動資産から控除して求めたりします。棚卸資産は、売れないかもしれないからです。これも目標100％と言ったりする人がいますが、もう少し丁寧に過去との比較や他社との比較で見た方が良いです。

続いて長期の安全性分析の話をします。

長期の安全性分析の1つ目は**自己資本比率**です。日本企業の大企業平均は

国際的にみて長く低かったが、最近では利益剰余金の増加の影響で40%に届いてきて、欧米を追い越した感があります。急速な経済成長をしてきた国家においては多くの会社の自己資本比率が低い傾向があります。これは資本市場が成長するよりも先に企業の成長が進むため、銀行などからの借入に依存する比率が高いからです。

　固定比率と**固定長期適合比率**を見てみましょう。これは、回収に時間のかかる固定資産投資を行うための資金を、どのように調達しているかという比率です。回収に10年かかる投資の資金を1年間を期限とする短期の借入で借りたら、1年後には返済が必要です。その時に「借り換え」ができれば何も問題ないのですが、もし会社の経営が悪化したら銀行が借り換えに応じてくれないかも知れません。その意味で、固定資産の調達費金を流動負債でまかなうのは危険があります。

　固定資産の調達資金で最も安全なのは純資産の範囲で行うことです。この、固定資産と純資産の比率が「固定比率」です。次に安全なのが、長期負債でまかなうことです。固定資産と、（純資産＋固定負債）の比率を示すのが「固定長期適合比率」です。これは100%以内が望ましいです。定数で表現する意義があります。なぜなら100%を超えるということは、固定資産の調達資金の一部が短期の負債でまかなわれていることを意味するからです。

　さて、会社としては、無借金経営が望ましいということではなく、会社の置かれた状況、環境によって、都度、あるべきレバレッジを検討する必要があります。これは通常、トップとCFO（最高財務責任者）の仕事となります。

5 ┃ ROEの高め方② ROAを高める

　ROEを高める方法の一つはレバレッジを高めること、もう一つはROAを高めることでした。

ROAはどうすれば高められるでしょうか？

図表を見て下さい。

ROAを高めるには

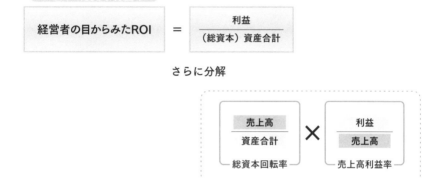

ここで、ROAは利益／資産合計ですが、「売上高」という数字を分母と分子に両方入れることによって、2つの分数に分解できます。

図表で分かるように、総資本回転率と売上高利益率です。

この2つはさらに色んなバリエーションにすることができます。

総資本回転率は、「総資本」つまり資産合計を、有形固定資産とか、売上債権とか、棚卸資産とか、色んなものに置き換えて計算できますね。それを

過去、他社、目標といった３つの比較をすることもできます。いろいろ計算すると良いです。というのは、自社のどこに特徴があるか、どこが突出しているか、などを発見するのに役立つからです。

　「回転率」という言葉ですが、これは、資産を投資とみなして、「その資産への投資金額の、何倍にあたる売上高を稼いでいるか」という意味です。同じ売上高利益率ならば、回転率が高まれば、ROAは向上します。ぜひ細かく資産ごと、あるいは部門ごとに計算して、改善を要する箇所を見つけて下さい。

　次に、**売上高利益率**は、粗利レベル、営業利益レベル、経常利益レベルなど、これもいろいろと試すことができます。同じ資本回転率なら、売上高利益率が高まればROAは向上します。これもなるべく部門ごとや様々な計算を試みて、改善を要する箇所を見つけたり、改善をモニターするのに役立ちます。

　この数年くらいの間に、日本企業は営業利益を金額ベースで見るのではなく、売上高営業利益率で見る傾向が強くなっている印象を私は持っています。これはとても良い傾向です。金額だけでP/Lばかり見ていると、いろんな比率の悪化に疎くなりがちですので、意義のあることと思います。

6 日本企業のたどった道〜実際の数字を見てみよう！

　主要な経営指標の勉強をしたところで、少し実際の数字を見てみたいと思います。

　財務省の法人企業統計年報という資料があります。このデータには日本の中小企業の一部と大企業のほとんどが含まれています。

　これから日本企業の50年あまりの財務諸表の数値や、それにより算定さ

れた経営指標の数値をご覧頂きます。そして私の独自の解釈をお示ししますが、皆様もそれぞれ自由に数字の解釈をして頂ければと思います。

今回の対象期間は、私の判断で以下のように区切りました。

1966年3月期〜1975年3月期の10期平均値	高度経済成長期後半から第1次石油ショックあたりまで
1976年3月期〜1995年3月期の20期平均値	日本が世界の先頭を走った時代
1996年3月期〜2015年3月期の20期平均値	失われた20年間
2016年3月期〜2022年3月期の 7期平均値	日本を取り戻そうとしている時代

参考として2022年3月期の1年間のデータ

では、早速、実際の数字を見ていきましょう※。

※各数値については、必要に応じて、不明な数値について推計をする等の調整が行われている。
付加価値については、純利益＋人件費＋支払利息＋賃貸料＋租税公課として計算した。

まず、P/Lを見てみましょう。

下表は標本対象企業合計ベースでの **1年間当たりの**、売上高、営業利益、当期純利益、付加価値の金額です。

P/Lを金額ベースで見てみよう　　　　　　　　　　　　　　　　　（単位：10億円）

	売上高	営業利益	当期純利益	付加価値
1966-1975	208,282	9,597	3,855	35,151
1976-1995	1,022,239	30,726	8,794	177,112
1996-2015	1,427,481	38,027	15,224	272,472
2016-2022	1,465,557	57,344	51,655	303,780
2022年3月期単年度	1,447,888	54,216	63,007	306,233

P/Lを見ると、過去50年余りの期間にわたって、日本は毎年「前年度を上回る売上高目標」をおおむねクリアしてきたことが分かります。面白いのは失われた20年間においても、おおむね微増を繰り返してきたことです。そして直近の7年間の動きがさらに興味深く、売上高金額ベースでは少し伸び悩んでいるように見えます。しかしこの後でお話ししますが、実は売上高以外の重要な指標はかなり改善されている7年間でもあるのです。

営業利益の金額はどうでしょう。これも過去50年あまりにわたってじわじわと増加を続けてきました。また、この7年間は大きく伸びていますね。

まあ、大きくP/Lの金額だけを見るならば、日本は安定して売上金額を成長させてきた半世紀だったといえるでしょう。これだけ見ていると、単に**「数字が増えて良かったですね」**といった程度の感想しか出てきません。何度も言いますが、P/Lだけをしかも金額ベースだけで語るのは、非常に残念でミスリーディングな見方です。

ではP/Lを金額ベースではなく、比率ベースで見たらどうなるでしょうか？

P/Lを比率ベースで見てみよう（対売上高比率）

	粗利率	人件費	その他販管費	販管費合計	営業利益率	付加価値率
1966-1975	17.40%	10.80%	2.00%	12.80%	4.60%	16.70%
1976-1995	18.50%	12.20%	3.30%	15.50%	3.00%	17.20%
1996-2015	22.60%	13.80%	6.10%	19.90%	2.70%	19.10%
2016-2022	25.20%	13.80%	7.50%	21.30%	3.90%	20.70%
2022年3月期単年度	25.90%	14.30%	7.90%	22.20%	3.70%	21.20%

どうですか。かなりいろんなことが浮き彫りになってきます。

まず、
・粗利率（売上総利益率）は、過去50年余りの間、ほぼ一貫して伸びた。
・販管費（販売費及び一般管理費）比率も粗利率以上のスピードで伸び

た。
・営業利益率は50年をかけて大きく減少しつつあった。
・ここ7年間で営業利益率は回復しつつある。

　実は米国のデータ※をみると、過去30年間くらいの比較ですが、
・粗利率は日本よりも大きく増えた。
・販管費は日本同様に増えた。
・営業利益率は見事に一定を保った。
という結果でした。ちなみに欧州もこれらの点は米国と似た傾向があります。

　※米国データはUnited States Census BureauのQuaterly Financial Reportによる。
　　業種別になっているのでManufacturing（製造業）を用いたが、概ねミスリードはないと判断した。

　日本企業と欧米企業の違いを私はこう解釈しました。
・売上に対する販管費の増加はおおむね先進国に共通する社会構造的変化を反映していると思われる。
・欧米企業は年々増加する販管費を受けて、きちんと値上げを実施し、営業利益率を維持できた。
・日本企業も値上げをしなかったわけではないが、販管費上昇をカバーできなかった（ここ最近は少し回復しているが）。

　さらに細かいことを言えば、販管費に占める人件費の割合は、増加が遅いです。欧米と比較すると相対的にその傾向がありました。

　悪く言えばこういうことです。
・先進国共通の販管費率上昇に対して、日本企業だけがお客様から正当なお代金を頂く努力が足りなかった。
・その代わり、欧米に比べ、相対的に従業員へ払う人件費は低く抑えてきた。
・2015年以降、ROEをはじめとする投資利益率の指標が重視されるよう

になり、特に株主に帰属する最終利益（当期純利益）ベースの数字は改
善した。
・一方、最終利益（当期純利益）率を高めるために、人件費の伸びは抑制
された。
・その結果、GDPは伸びず、他の先進国との対比において、大きく地位
が低下した。

　いま、政府は「分配」を政策的に重視していますが、これは賛成です。

　失われた20年の後、投資利益率を重視した経営が日本企業に取り入れら
れてきました（ROI重視の会社といまだにROIを良く分かってない会社の二
極化と思っていますが）。

　しかしそれはお客様から正当なお代金を頂戴する努力ではなく、経費、と
りわけ言うことを聞いてくれる社員のコストである人件費を抑制する方向に
向かっていった。

　嫌われるかもしれませんが、**「優秀な経営者はお客様に向かっていく。そ
うでない経営者は言うことを聞いてくれる社員に向かっていく」**と私は申し
上げております。

　いま、ロシア情勢、原油高、円安といった強いコスト上昇圧力を受けて、
さまざまな産業で値上げラッシュとなっています。行き過ぎは禁物ですが、
この売価の上昇をうまくGDP上昇に結び付けるチャンスが到来していると
もいえます。

　ではB/Sを見てみましょう。

B/Sを金額ベースで見てみよう　　　　　　　　　　　　　　　（単位：10億円）

	総資産	自己資本	自己資本比率
1966-1975	151,005	23,068	15.3%
1976-1995	762,482	135,059	17.7%
1996-2015	1,362,300	403,501	29.6%
2016-2022	1,785,830	733,798	41.1%
2022年3月期単年度	2,015,723	816,343	40.5%

　B/S を金額ベースで見ても、総資産（資産合計）も自己資本（純資産）も共に成長してきたことが分かります。やはり B/S の金額だけを見ていると、**「今年も増えて良かったね」**という程度の感想しか出てきません。

　財務諸表は複数年度を横に並べるだけではダメで（しつこいですが）、**「%」で見る**ようにして頂きたいと思います。

　まあ、そうはいっても直近の総資産の上昇と、自己資本の上昇は目立ちます。この辺は比率ベースで見てみるとします。

B/S と P/L を組み合わせて見てみよう

	ROA 営業利益 ベース	ROA 当期純利益 ベース	レバレッジ	ROE
1966-1975	6.30%	2.1%	6.6	18.3%
1976-1995	4.30%	1.2%	6.0	7.5%
1996-2015	2.80%	1.1%	3.6	3.4%
2016-2022	3.20%	2.9%	2.4	7.0%
2022年3月期単年度	2.7%	3.1%	2.5	7.7%

　ご覧のように、**ROE も ROA も 50 年かけてぐっと減ってきています。**そしてここ直近の7年間で改善傾向が見られます。

　ROA（営業利益ベース）は6.3%⇒4.3%⇒2.8%と減っていて、最近では少し回復しているのが分かります。

　ROEも18.3％⇒7.5％⇒3.4％と「順調に」減ってきた後、はっと思い直したように直近の7年間は回復しつつあります。

　ROEはROA×レバレッジでしたよね。

　総資産がこの6年間で急速に増加しました。一方、レバレッジは増えるかと思いきや、そうではなく低下しました。換言すれば自己資本比率は大きく向上しています。

　これはいわゆる内部留保（会計用語でいえば利益剰余金と言って良い）の増加が原因です。

　2022年3月期の自己資本816兆円のうち、約63％にあたる516兆円は内部留保です。この内部留保はこの10年で8割増加しました。その影響が大きいです。一方で、総資産の増加に寄与している要因としてはM＆Aの増加もよく指摘されているところです。

　このように日本企業のROEは長く低迷してきたが、ここ7年を見ると回復基調にあることが分かります。ただし営業利益ベースのROAの方は依然として注意が必要です。

　再び米国と比べることにします。日本のROAは米国に比べて低いです[※]。
　※米国データはUnited States Census BureauのQuaterly Financial Reportによる。
　　業種別になっているのでManufacturing（製造業）を用いたが、概ねミスリードはないと判断した。

　米国企業のROAは日本に比べ、景気変動の波が大きいです。過去20年間に3回、大きな業績悪化の波がありました。1980年代終盤、2001年頃（9.11の年）、2008年頃（リーマン・ショック）の3回です。これらの時期はお話しにならないくらい低いが比較的早く立ち直る。

　通常の時は、概ね8％から10％くらいであり、その水準に戻ってゆく。日本のように長期的に一本調子で減少するというようなことはない。

　なお、大企業と中小企業を比べると、中小企業の方が日本は1％から2％低く、米国は逆に2％から3％高いです。

　日本の中小企業については仕事の効率が悪いという意味での生産性の問題があると筆者はみていますが、これは別の機会に論じることにしましょう。

　大企業についていえば、**日本企業のROAは米国企業のROAの半分くらいしかない**（営業利益ベース）。それが両国の生産性の数値の違いにも表れているわけです。

　先の図表によれば、ROA＝資本回転率×売上高利益率となっていますね。

　日米の資本回転率は、ここでは数字は割愛しますが、実はそう大きな差はなく、ROAの違いは売上高利益率の違いからくるものです。

　売上高利益率が米国よりも低い背景は、商品の**値付けにあると私は見ています。米国ではリスクに見合う投資利益率という当たり前の考え方**をしますから、商売のリスクにあう投資利益率が得られることを前提に年度の予算を組み、そこから逆算で商品の値付けを考えます。

　セールスマンがお客先にいって値段の交渉をする時に、最大限の値引きラインを胸に出かけていくこと、それは年度の損益予算をベースにしていること、期中においては、マネジャークラスは月次の予算実績資料ばかり見ていることは日米共通です。

　大きな違いは、年に1度の損益予算を組む時の考え方の違いにあります。

・リスクに見合ったリターン（％）を前提に置く（米国企業の経営者に多い）
・前年度よりも1円でも多い売上高、1円でも多い営業利益の金額を目指す（日本企業の経営者に多い）

　私は米国企業が何でも良いとは考えていません。米国企業の中にはもはやROEも自己資本比率もお構いなしに（債務超過も厭わず）、株価上昇のためなら年度の利益なんて度外視の配当や巨額の自社株買いなど何でもアリ、の企業もあります。株価リンクの株式報酬をゲットするためなら手段を選ばないような経営者もいると思っています。私はこうした経営者には全く賛成できませんし、危険を感じます。ましてや日本企業がマネをする必要なんか全くないと思います。しかし逆に投資利益率の考え方すらピンとこないというのも困ります。まずは基本的な会計やファイナンス※の勉強をすることが議論の入り口と思いますが、如何でしょうか？

※ファイナンスの意味は、「management of money」である。
なお、Managementはリターン追求を含む「管理」という意味合いで使われ、「統制」を意味するcontrolと区別されることが多い。

　これまでは競争の中で、安くすること、コストを下げることに努力してきた企業が多いと思います。日本中で薄利への挑戦をしてきた感があります。薄利多売ならいいのですが、人口減少でそれもままなりません。値上げを繰り返してきた海外勢が結局はその国のGDPを増加させ、経済成長してきたのと対照的に見えます。

　今後は、付加価値をつける努力をしても正当なお代金が頂けない商売は、自社にとっては、もう終わった商売であると認め、新しい商売をやるべきだと思っています。新しい商売のアイデアや思いが足りないから、ジリ貧の既存事業にしがみつく。新しい商売をやることに対して本当に本気になること

が求められる時代と思います。この本質は「商売がやりたいか」もっと言えば「商売が好きか」というところまで行き着く話のように思えてなりません。

　ところで、いまは株主資本主義からステークホルダー資本主義への転換期ともいわれています。

　こうした時代の大きな変化の前で、ROIの勉強をこれからするのは周回遅れでしょうか？

　いえ、全く逆の考えを私は持っています。多くの新しい言葉や情報が飛び交うときこそ、揺るがない基本の理解度が問われると思っています。「何となく分かる」は、役員レベルともなれば全員がクリアしています。しかし時代を読む、あるいは変化を作り出す人というのは、常に本質に立脚して考え、説明責任を果たせる人ではないでしょうか？　その意味では、「知っているつもりが、まだまだ分かっていないこと」が多いのではないでしょうか。その「分かっている」「いやまだ分かっていない」の行ったり来たりが大事なのだと思っています。問い続けるべきテーマは会計の基本であり、ROIの基本であると思っています。

7　会計入門の次はリスク管理へ

　さて、ここで、企業としての究極の姿を考えてみましょう。会社としてムダを省くべきところはすべて省いた。利益率の低い事業の見直しをした。レバレッジは適正レベルである。その前提で考えた時に、より大きなROAを達成するにはどうすれば良いでしょうか？

　答えは明確にあります。それはハイリスク・ビジネスへのチャレンジです。それによりハイリターンを追求できます。

　筆者は、リスク管理という言葉が、日本企業において、時として誤解され

て使われているように思っています。大変残念です。リスク管理とは何ですか？　と問えば、「事件事故を起こさないようにすること」「失敗しないこと」といった答えが良く返ってきます。もちろん事件事故を起こさないようにすること等はリスク管理の重要な一部でありますが、これはリスク管理の究極的な、あるいは本質的な目的ではありません。

　リスク管理の本質的な目的は、「積極的にリスクにチャレンジすること」です。

　企業はリターンを追求する存在です。去年よりも今年、今年よりも来年、より大きなリターンを追求する存在です。しかしリスク管理能力がないのに大きなリスクに挑むことは「命知らずの冒険野郎」のすることであり、企業として行うべきではありません。

　リスク管理の本質というのは、**「リスク管理能力を高めてやれば、安心してより大きなリスクにチャレンジできる」** ということです。企業がリスク管理能力を高めることは、より大きなリターンを追求することと全く同義です。したがってリスク管理は決して「防御」の議論でも「後ろ向き」な議論でもなく、全面的に「攻撃」の議論であり、「前向き」な議論なんです。

　他社が怖がってできないことを、我が社は堂々とチャレンジする。去年まで手を出せなかったことをいよいよ今年は挑戦する。そのためには自社のリスク管理能力を真剣に高める。これができる会社は伸びる会社です。

　いまどきの日本企業のリスク管理の手法は、1980年代終盤から1990年代初頭に米国でどん底の不景気と企業倒産の中、真剣に議論されたものを輸入したものです。**実は「積極的にリスクにチャレンジするためのリスク管理」、こんなことはアメリカ人にとっては当たり前すぎて、リスク管理の教科書に書いてないんです。** それが日本企業のリスク管理というものに対する誤解の背景ではないかと筆者はまじめに考えています。

　いつまでも「やらされ感」の「形式だけ」の「やっているふり」のリスク管理をしている日本企業はたくさんあります。非常に残念です。あなたの会社で、リスク管理は第一線の事業部門にとって「面倒クサイ宿題」になっていませんか？　もしそうなら、申し訳ありませんが、あなたの会社はいま、「伸びない会社」になっているということです。

　「利益を生むために、リスク管理能力を高める」。そんな、商売としてこれ以上ないくらいに「当たり前」なことに、いますぐに本気で取り組む必要があります。そのためには、トップだけではなく、役員、管理職、一般社員の全員が、リスク管理の本当の意味を知る必要があります。

　リスク管理についてもっと考えてみたいという方は、拙著『攻めの経営を可能にする　本当のリスク管理をするための本』（日本経済新聞出版）をお読み下さい。

あとがき

　前著のあとがきでは、福沢諭吉の『帳合之法』の引用をしました。その時と思いは変わっていませんので、ここでも引用します。

　よく知られているように、我が国に初めて現代の複式簿記を紹介したのは、福沢諭吉です。その著書『帳合之法』に以下の記述があります。「古来日本国中に於て学者は必ず貧乏なり、金持は必ず無学なり」。つまり学者は高尚な議論をしているが貧乏である。金持ちは商売に学問は必要ないと言う。学者も金持ちも西洋の実学を学んで経済活動に精を出せば、国家が発展することになる。福沢諭吉はそれを願って同書を著し、日常的な事象を科学的思考で捉える「実学」の重要性を説きました。明治の偉人らしい志の高さを感じます。

　以来、百数十年が経過し、会計の現場において複式簿記は普及しましたが、経理の仕事に就く人達以外にどれだけ会計の理解が浸透しているでしょうか。経済活動はより大企業化、複雑化しましたが、「学者」や「金持ち」のみならず、企業で働くビジネスパーソンが、しかも重責を担う者の多くまでが、いまだ会計の基本を知らない。自社の利益率の低さに対する自覚すら無い。その原因はどこにあるのか解明する必要があると考え、前著『世界のエリートがやっている　会計の新しい教科書』を書きました。

　前著の出版以降、日本企業の置かれた環境も変化しました。会計分野でも新たな情報開示の要請や新会計基準の適用など、アップデートすべき項目が積もってまいりました。そして今回、出版社から貴重な機会を頂くことができ、時代の変化を反映させるだけでなく、「より厳密に、より分かりやすく」進化させた本書を出版させて頂くことができました。

　いま日本は経済の面で国際的な地位が低下しているということを、多くの

人が感じています。この感覚は前著を出版した2014年にはまだ希薄だったと思います。このことが、筆者は近年の日本の最大の変化と思っています。世界のGDPに占める日本の割合は1995年には17.6％でしたが、2021年には5％に低下しました。

　GDPに絞った話をするのではありません。日本企業は栄光を取り戻すべきと筆者は思っておりますし、それは可能であると考えております。「いまが実力不相応」と見えます。これを放置すると「それが当たり前」になることを危惧します。あまり時間がありません。

　日本企業が世界で返り咲くために、筆者の立ち位置から見えている課題は「多くの日本の企業人にファイナンスの知識が足りない」ということです。その点は前著を書いた時と本質的に変わりません。

　ファイナンスの知識が足りないと、なぜいけないのでしょうか？　ファイナンスが中途半端にしか分かっていない人は、新規事業の赤字の数字を見て、赤字が続いているからやめろと言い出します。ファイナンスが深く分かっている人は、継続すべき新規事業を余計な心配なしに継続できる仕組みを生み出します。そういう違いを生むんです。会社の未来を左右します。

　会計入門を技術の練習ではなく、論理的に短時間で習得すること。その理解の上で、経営の現場でファイナンスの常識をもって会話できる人材を増やすこと。「慣れて覚える」ではなく「論理を理解する」でなければ応用が利きません。本書の存在意義は変わらずそこにあると考えています。

　筆者は株式会社インプレッション・ラーニングの藤山晴久氏と、20年近くにわたって企業向けの会計入門研修を行ってきました。そこで蓄積された、日本の既存の会計入門教育に対する問題意識をぶつけたのが前著でした。それから9年が経ち、資産負債アプローチを中心に置いた会計入門の解説アプローチは、日本でも少しずつ目にするようになりましたが、まだまだ全く足

りません。これからも気づいた人たちからどんどん広めていければ良いなと思っています。日本における企業人向けの会計入門教育を一緒に変えていきましょう。

　会計教育に従事される方は、本書の資産負債アプローチを中心とした会計入門のノウハウを、是非自由に積極的に取り入れてくださることを希望します（もちろん筆者への連絡など一切不要です）。

　最後になりましたが、前著の企画から今回の全訂版の出版まで、根気よくご指導頂きました株式会社日経BPの森川佳勇氏にこの場を借りて心よりお礼を申し上げます。

　2023年3月吉日

吉成　英紀

索　引

わ行

【著者紹介】

吉成英紀（よしなり・ひでき）

吉成コンサルティング代表取締役
慶應義塾大学商学部卒。1987年英和監査法人（現あずさ監査法人）に入所。
不良債権に伴う債権査定業務、外資系銀行監査およびコンサルティング
業務に従事した後独立。独立後、不良債権査定業務、M&A、業務監査、
会計アドバイザリー、金融コンサルティング業務、経営分析等に従事。
豊富なキャリアに基づいた講義は、多くの企業・団体で定評を得ている。
著書に『世界のエリートがやっている　会計の新しい教科書』『攻めの経
営を可能にする　本当のリスク管理をするための本』（日本経済新聞出版）
がある。

世界のプロが学ぶ会計の教科書

資産負債アプローチで使える知識を身につける

2023年5月25日　1版1刷

著　者	吉成英紀
	© 2023　Hideki Yoshinari
発行者	國分正哉
発　行	株式会社日経BP
	日本経済新聞出版
発　売	株式会社日経BPマーケティング
	〒105-8308　東京都港区虎ノ門4-3-12
ブックデザイン	野網雄太（野網デザイン事務所）
本文組版	朝日メディアインターナショナル
印刷・製本	中央精版印刷

ISBN978-4-296-11598-3 Printed in Japan